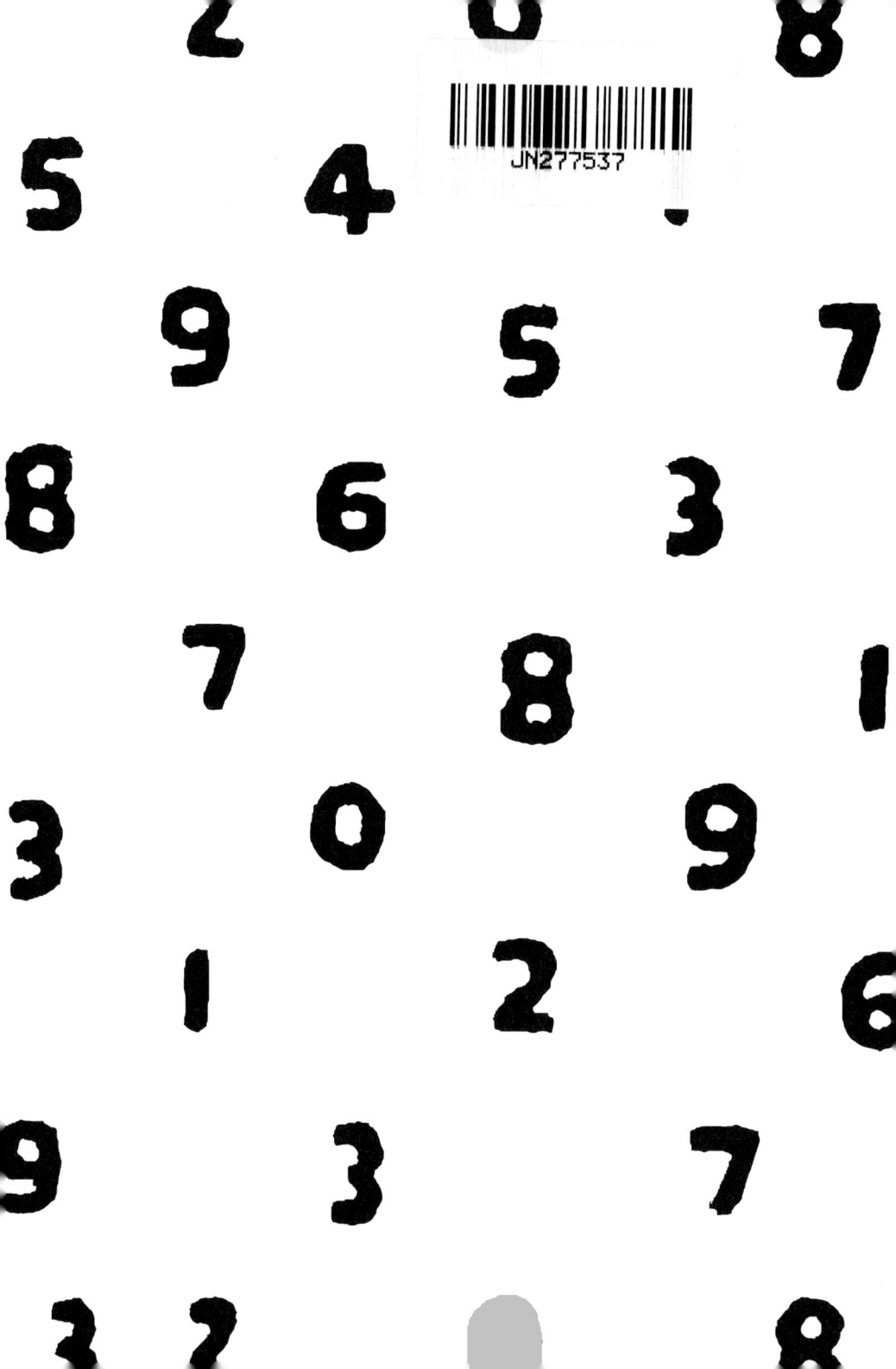

脇阪克二のデザイン

マリメッコ、SOU・SOU、
妻へ宛てた一万枚のアイデア

MARIMEKKO OY SUOMI FINLAND 1973
KATSUJI WAKISAKA "KARUSELLI" ® MARIMEKKO OY SUOMI FINLAND 1973

1968-1976

FINLAND

何かを　つくって　生きていければと

願ってきた

päin. Sen jälkeen hän litt studioon, joka niin ikään väs si painomalleja, joita se my edelleen.

Työ oli kivaa, mutta se riittänyt. Katsu tahtoi jotai muuta vaikkei tiennyt mitä muu olisi. Jos täältä ei oli herunut töitä hän olisi luult vasti jäänyt kiertelemään E rooppaa.

Utelen häneltäkin japanilai ten kopiointivimmasta, ja Ka su aloittaa suomeksi: — T tysti se ei ole hyvä. Mutta J panissa on liian paljon ihm siä…

Ja jatkaa englanniksi: Kilpailu on liian kova. Es merkiksi kankaanpainant alalla on tehtaita kovin paljo ja jokaisen täytyy saada vo toa pystyäkseen elämään. K pioiminen on paha asia, mutt tavallaan sitä on pakko tehd leipänsä edestä. Luulen ett tällä hetkellä valmistajien pitä taas ruveta ajattelemaan oma luomista.

■ Masako eli Oikea tyttö to voo tyttöä. Katsuji eli Vallo tus poikaa. Tai ei sillä väh — kunhan se on terve. Se nimi on loposta lukien Wak saka. Rinteenreuna, se on va ma.

Melko varmaa on myös, ett sillä on pikimusta piikkisuor tukka ja sympaattinen joke hs, silläkin.

Katsu rakastan voimakkaita, puhtaita värejä. Kuutioista ja valkoisesta ympyrästä muodostuvan pinnan nimi on Rajalla, kukkaröykkiön Lammet ja selkänsä taakse Katsu on saanut villisti pomppivia eläimiä, Yume eli Uni.

42

大胆かつ華やかなデザインが注目を集めたマリメッコ時代。新進気鋭の日本人デザイナーとして、地元の新聞社から取材を受けることも多かった。

1976-1985

U.S.A

ラーセン時代を代表するテキスタイル「CLEAR WATER」を使った布張りのアームチェア。

1976-1996

JAPAN

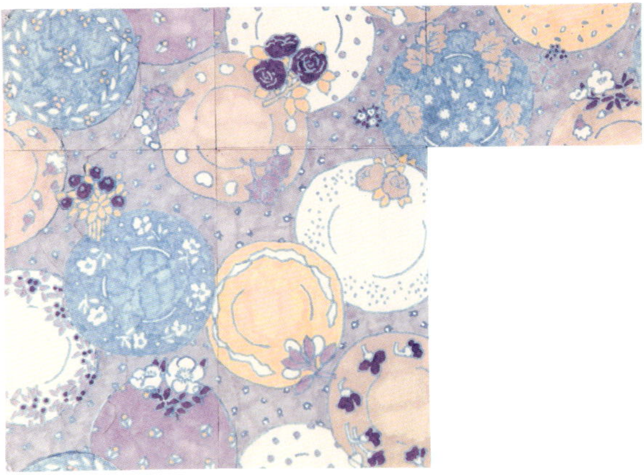

1992年、帰国後に発表された、花と皿を組み合わせたテキスタイル。テーブルクロスやナプキンなど、インテリアファブリックとして幅広く販売された。

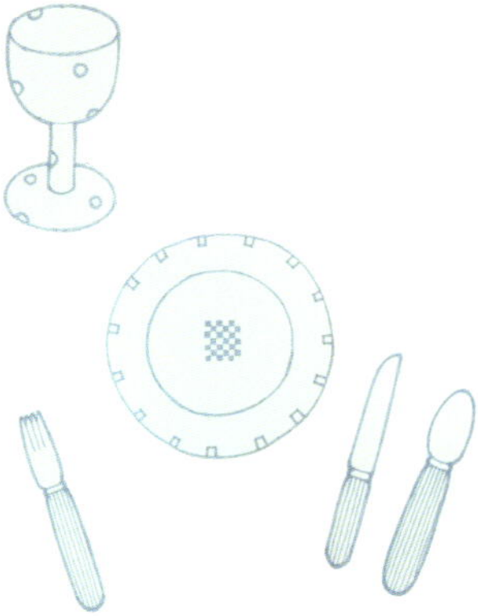

2002-

KYOTO

ふっと 心に浮ぶ イメージ
それを素直に表現したい

24年間、一日も欠かさず奥様宛てに描き続けている直筆の絵はがき。既に一万枚を超えたはがきの一枚一枚が、脇阪氏の貴重なアイデアソースとなっている。

脇阪克二という人がいます。

デザインの黎明期である70年代から今日に至るまで、第一線で活躍を続けるテキスタイルデザイナーの草分け的存在です。フィンランド、ニューヨーク、そして京都。それぞれの土地の空気を胸いっぱいに吸い込みながら、人々の暮らしに寄り添うデザインを生み出し続けてきました。
いつも根本にあるのは、「表現したい」という気持ち。胸の奥にある自分自身を、1枚の布の上に投影するということ。やさしく、親しみ深く、おおらかで、心安らぐテキスタイルの数々は、デザイナーの姿そのままといえるのかもしれません。
テキスタイルデザインに関わって既に48年。いまも脇阪氏のデザインは変わらず第一線にあり、みずみずしい感性の輝きにあふれています。
四季に恵まれた京都の地で、脇阪克二の創作は今日も続きます。

His name is Katsuji Wakisaka.

Having blazed a trail in textile design since the burgeoning of design in the 1970s until today, he is regarded as a leader in his field.He absorbs the atmosphere in places – Marimekko in Finland, Jack Lenor Larsen's in New York and SOU·SOU in Kyoto – in his quest for design that fits neatly into people's lives. Underpinning his endeavors is "a desire to express". He draws something from within himself and projects it onto a piece of fabric. Gentle, friendly, easy-going, soothing – one might see in his textiles a manifestation of the designer himself. His involvement with textile design spans 48 years.Wakisaka's designs are always ahead of their time and abound with a sense of freshness and youthfulness. Kyoto is favored with the beauty of the four seasons and it is here that Katsuji Wakisaka continues his creative endeavors.

テキスタイルデザインについて…といわれれば、好きなだけ哲学めいたことを書くこともできるでしょう。けれども私は言葉よりも行動に重点をおきたいと思います。今、私にいえることは、テキスタイルデザインは理にもとづかなければならないということです。しかしそれは、すべてのものに当てはまると思います。
たとえばおもしろい効果も望めないのに、なにも白地に無理に色をつけてその本来の持ち味を損ねる必要はないでしょう。同じようなことがガラス・家具・インテリア、また会社そのものについてもいえるのです。人間もまた例外ではないはずです。私は、いかなる職種においても全力を尽くすということは美だと思います。
世の中には、すばらしいとかおもしろいとか価値のある仕事などは存在しません。あるのは真面目に喜びをもって、自信をもって個性的に行う仕事のみです。だから仕事について、さまざまな生き方をしている人を見るのは楽しいことです。そして彼らが最高の状態にあるときには、たとえ床を磨いていようが、ものを考えていようが、漁をしていようが、雑誌の編集をしていようが同じことなのです。
フィンランドの格言には、やった仕事によって報われる、というのがあります。きっと昔の日本のことわざのなかにも同じような知恵を説いたものがあることでしょう。

マリメッコ創始者　アルミ・ラティアの言葉より

CONTENTS

1968-1976

マリメッコ社
フィンランド

Marimekko, Helsinki, Finland

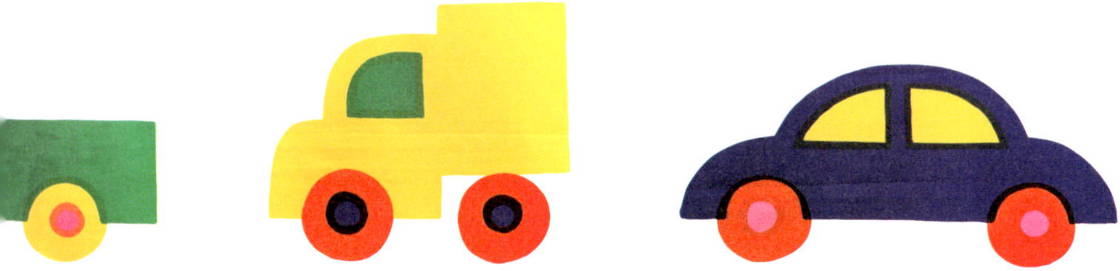

1968年、単身でマリメッコ社の門をたたき、
初の日本人テキスタイルデザイナーとして
フィンランドでの生活をスタートさせた脇阪氏。

マリメッコの創始者、アルミ・ラティア女史が
24歳の若き青年に求めたことはただひとつ、
「BE YOURSELF（あなた自身でありなさい）」と
いうことでした。

自分自身として生きることの難しさと、
果てしなく自由であることの不自由さ。

そして、長い苦しみの末に学んだ、
「BE YOURSELF」の意味。

テキスタイルデザイナーとしての土台を形成した、
脇阪氏の人生においてかけがえのない
8年間が始まります。

単身、フィンランドへ

1951年に創立された、フィンランドのマリメッコ社。大胆でユニーク、カラフルで愛らしいテキスタイルを次々と発表し、60年代半ばには、世界中のデザイナーたちから注目を集める存在に。
当時、京都の図案家のもとで修業をしながらも、何かが違うのではないかという鬱々とした想いを抱えていた脇阪氏。彼もまた、マリメッコのテキスタイルに憧れと可能性を感じていた一人でした。
もっと自分を思い切り表現できる場所へ行ってみたい。外国へ行けば、何かがあるかもしれない。そうした想いが積み重なり、ついにある日、マリメッコ社の門をたたくことを決意します。
自作の大きな5枚の絵を旅行かばんに詰めて、単身、シベリア鉄道経由でヘルシンキのマリメッコ本社へ。生まれて初めての街。お金もなく、言葉もわからず、知り合いも皆無。胸にあるのはただ、「自分をぶつけたい」という熱い想いだけでした。
いきなり訪ねてきた若き日本人に、本社のスタッフも困惑顔。不自由な英語で想いの丈を伝えたものの、その日はあっさり断られてしまいます。ところが翌日、その絵を見た創立者のアルミ・ラティアから、思ってもいなかった言葉をかけられます。
「あなたの絵はおもしろい。試しに一ヵ月、好きなように描いてみなさい」
脇阪氏がテキスタイルデザイナーとして人生の一歩を踏み出した、記念すべき瞬間です。

初めてマリメッコの門を叩いたときに持参した、80cm角の5枚の絵。生き生きとした絵のタッチや大胆で華やかな色づかいから、24歳の青年のあふれる情熱が伝わってくる。

とにかくつくりたい

こうして突入した、一ヵ月間の無給トライアル期間。知り合いは一人もおらず、フィンランド語もまったくわからない状態で、それでも脇阪氏の胸は希望に満ちあふれていました。とにかく、今の自分の中にあるものを、すべてぶつけよう。全部やってみて、それでもダメなら、仕方がない。日本ではなかなか解放できなかった表現に対する強い想いを爆発させるように、わずか一ヵ月の間に、20種類ものデザインが生み出されました。自由で、のびやかで、夢あふれるテキスタイルの数々を、アルミ・ラティア女史は手放しで絶賛。すぐにマリメッコ社での商品化が決定するとともに、脇阪氏の専属デザイナー契約も晴れて成立となりました。このとき生まれた「YUME」「HANA」「OKA」といったテキスタイルは、いまでも脇阪氏の代表作として多くのファンに愛されています。

YUME, 1969

HANA,1969

OKA,1969

ロシアの民族人形をモチーフにした当時のアイデアスケッチ。フェルトペン独特の線の太さが、何とも愛らしい印象を与える。

マリメッコの社内向けクリスマスカード。会社の別荘の窓を開けると社員たちの顔が出てくるユーモラスなデザイン。

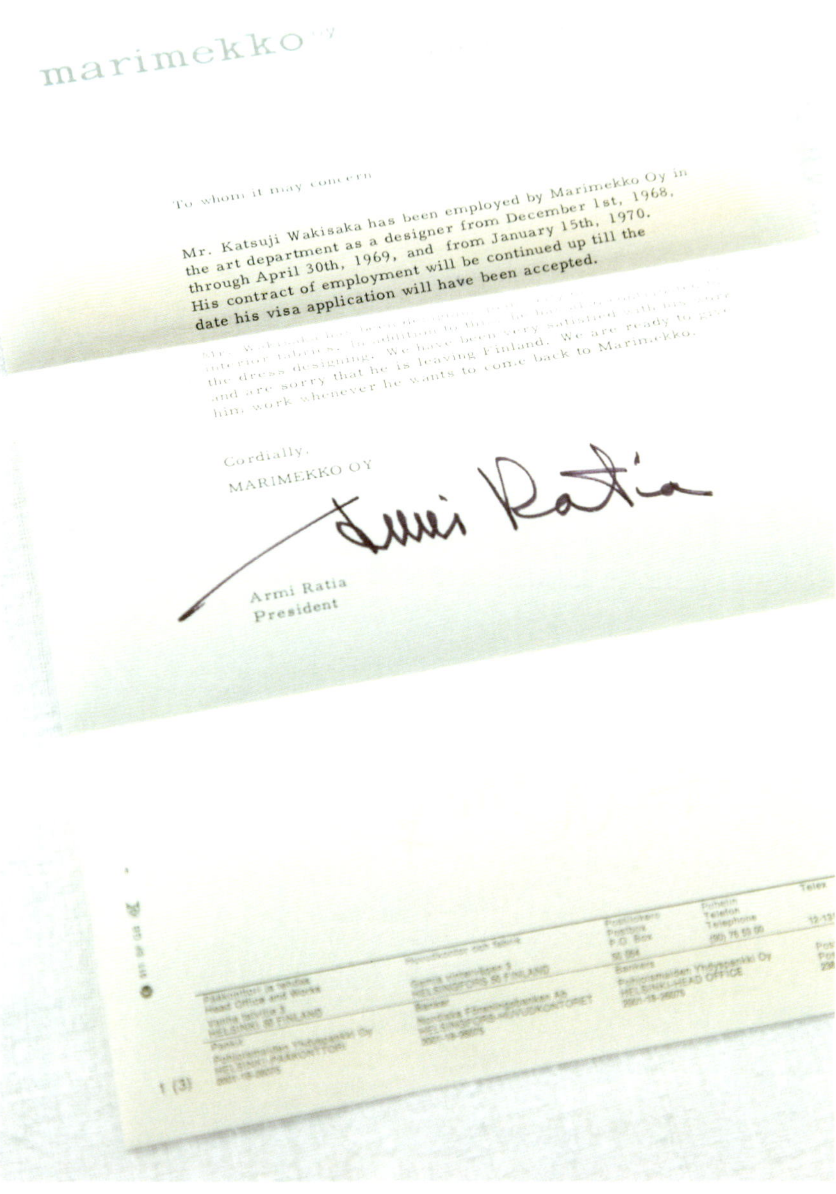
marimekko oy

To whom it may concern

Mr. Katsuji Wakisaka has been employed by Marimekko Oy in the art department as a designer from December 1st, 1968, through April 30th, 1969, and from January 15th, 1970. His contract of employment will be continued up till the date his visa application will have been accepted.

We have been very satisfied with his work and are sorry that he is leaving Finland. We are ready to give him work whenever he wants to come back to Marimekko.

Cordially,
MARIMEKKO OY

Armi Ratia
President

1 (3)

退社通告

マリメッコ社で正式に働くことが認められ、順風満帆に見えたスタートは、脇阪氏の苦悩の始まりでもありました。一般的なデザイン企業と異なり、ノルマやテーマ等の要求が一切なかったマリメッコ社。デザイナーに求めることはただひとつ、「BE YOURSELF」であることだけ。何をするかは自分で決めなさいという社風は、その果てしない自由さゆえに、厳しいものでした。会社は自分に何を求めているのか。専属デザイナーとして、どういうものをつくれば正解なのか。自分自身であるということは、一体どういうことなのか。暗く寒いフィンランドで、考えれば考えるほどに答えを見失ってゆく心。筆は止まり、インスピレーションは枯れ、脇阪氏の創作は徐々に行き詰まってゆきます。それでも、マリメッコ社は何も言ってはくれません。苦しみながらも半年が経ったころ、アルミ・ラティア女史から脇阪氏に一通の手紙が渡されます。
「いまのあなたは空っぽ。私たちには、どうすることもできない」
それはあまりに辛辣でストレートな、マリメッコからの退社通告でした。

苦悩しながら創作を続けていた当時の作品。衝動に身を任せてデザインしていた、初期のような奔放さは影をひそめ、頭の中でロジカルに練り上げられた男性的なデザインが多く見られるように。

PURO, 1971

「PURO」（左頁）、「LAMMET」（上）、「PIANO」（下左）は、マリメッコ復帰後の代表作。右上のはがきは、アルミ・ラティア女史（下右）から脇阪氏に宛てて送られたもの。文面からはまるで母親のような愛情が伝わってくる。

創作、再び

解雇を言い渡された脇阪氏は、絶望的な気持ちで一人旅へ。ところが旅を続けるうちに、不思議と心のなかが少しずつクリアになっていくのを感じます。
自らはめていた心の枷が外れた後に新たに湧いてきたのは、清々しいまでに純粋無垢な、新しい自由。自分自身を極限まで追いつめることで、自分自身と向かい合わざるを得なくなるという精神状態に到達できたこともまた、大きな収穫だったのかもしれません。さらに、アルミ・ラティアの厳しさの中にある愛情に気づいたことも、改めてテキスタイルデザインと真摯に向き合うきっかけに。
どこにも属さない状態で、脇阪氏は、再び制作活動に邁進。心が解放されたことで、脇阪氏の中にあったデザインの種は、再びのびのびと芽を出し始めます。
知らず知らずのうちに体得していた、「BE YOURSELF」の精神。
半年後、新たにつくったテキスタイルを見て、アルミ・ラティアは彼の再雇用を認めます。こうしてマリメッコ時代に心に刻まれた「BE YOURSELF」の精神は、テキスタイルデザイナーとしての脇阪氏をいまも支え続けています。

KATALA,
1971

「BO BOO」の誕生

愛らしい車たちがあっちへこっちへと行き交う「BO BOO」は、マリメッコ時代の脇阪氏を代表するテキスタイル。アイデアソースは、当時、ミニカーが大好きな息子さんのために描き、自宅の壁に貼っていたという一枚の車の絵。1974年にデザインされたものとは思えないほど、いまも変わらずポップで新鮮な魅力に満ちあふれています。
実は1975年の発表当初、フィンランドでの反応はいまひとつでした。ところが数年後、海を渡ったアメリカで子ども用シーツが爆発的ヒットを記録。その後、ファブリックのみならず、文具や食器など、バリエーションを増やしながら、世界中に広く流通してゆきました。

アメリカで爆発的に流行した「BOBOO」の子ども用ベッドリネン。その後、逆輸入的な形でフィンランドでも大人気のテキスタイルに。

「BO BOO」のアイデアソースとなった、手描きの車の絵。脇阪氏が息子さんのために描いた、愛情あふれる貴重な一枚。

カラフルで愛らしい脇阪氏のテキスタイルは、子ども部屋のインテリアとしても評判に。海外のインテリア雑誌にも数多く登場した。

服のデザイン
日本の着物を思わせる直線的なデザインが新鮮なドレスラインは、テキスタイルからパターン作成まですべて脇阪氏一人で手がけた意欲的なシリーズ。貫頭衣のような単純なパターンは、実際に人が着ると優雅で美しいドレープを描く。

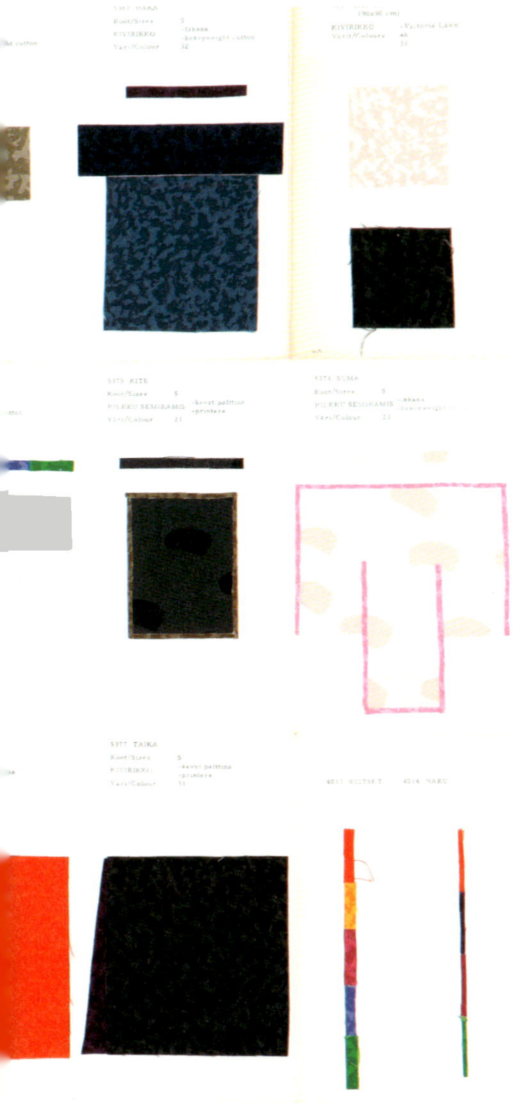
(90x90 cm)
Koot/Sizes 5
KIVIRIKKO -lakana -heavyweight cotton
Väri/Colour 32
KIVIRIKKO -Victoria Lawn
Väri/Colours 46
5375 KITE
Koot/Sizes 5
PILKKU SEMIRAMIS -kevyt palttina -printere
Väri/Colour 21
5376 SUMA
Koot/Sizes 5
PILKKU SEMIRAMIS
Väri/Colour 23
5377 TAIKA
Koot/Sizes 5
KIVIRIKKO -kevyt palttina
Väri/Colour 31
4013 SUITSET
4014 NARU

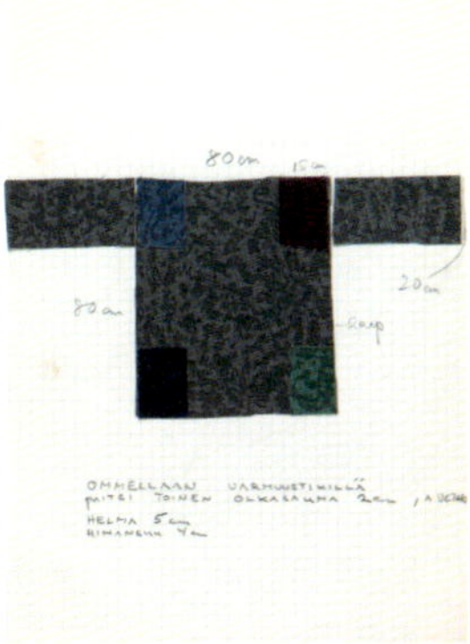
80cm
15cm
80cm
20cm
HELMA 5cm

80cm
15cm
20cm
120cm
3cm

商品化されたテキスタイルのカッティングサンプル。
実際のテキスタイルの大きさは、想像以上に大きい。

KATSUJI WAKISAKA
marimekko
MALLI: NEKKU SUUNNITTELIJA: KATSUJI WAKISAKA
KUVIOKERTA: 60 CM
PRINT: NEKKU DESIGNER: KATSUJI WAKISAKA
LENGTH OF PATTERN: 24"
KATSUJI WAKISAKA
marimekko®
KUUTIOT
Pilkku

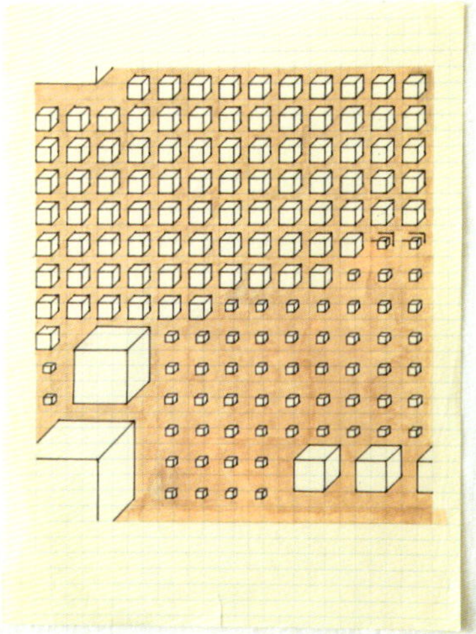

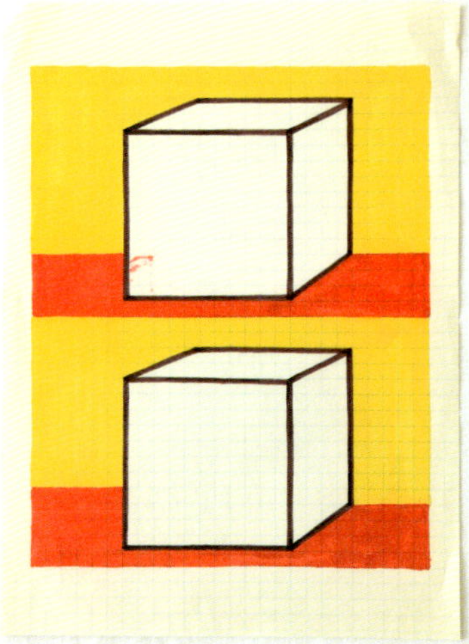

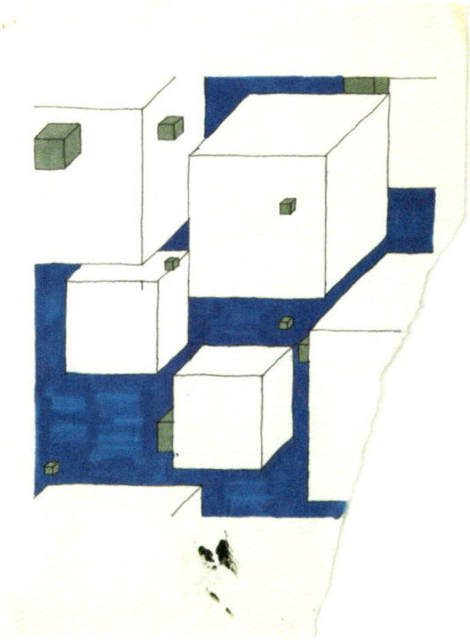

当時のアイデアスケッチ。完成予想図をあらかじめ頭に描くことはせず、即興作品のように自由に描いていた。幾何学模様は特に好きなモチーフのひとつ。

フィンランドの土地とデザイン

「森と湖の国」と言われるフィンランド。高い山が少ないこの国では、空はとても広く、高く、果てしない存在です。そんな雄大なスケールをもつ土地での暮らしの中から生まれたマリメッコ時代のテキスタイルは、やはりスケールが大きく、大胆で、力強く、鮮やかなデザインが印象的。それは実に、フィンランド色ともいうべき独特の空気をまとっています。

一方、脇阪氏のデザインを象徴する興味深いできごとも。

例えば、淡いグレーと繊細な線が美しい、1977年発表の「NIETOS」。日本人からは「とても日本的な柄ですね」と言われ、フィンランド人からは「とてもフィンランド的な柄ですね」と言われる、不思議な趣をもつテキスタイルです。

シャイで慎み深い、日本人とフィンランド人に共通する性格のせいなのか、フィンランドに長く暮らす日本人である脇阪氏が無意識のうちに自分の内側から生み出したデザインが、両方の国に暮らす人々の心に奥深く響いてゆく何かを生み出しているのか。

デザインするときは常に無心であるという脇阪氏に、その答えはわかりません。そしてそれこそが、「BE YOURSELF」の本質なのかもしれません。

NIETOS,1977

KALIKKA, 1975

JUHLA, 1975

LA STRADA, 1975

KARUSELLI, 1973

PAHKINAPUU, 1974

JUOLUKKA, 1974

UKRAINA, 1975

YUME, 1969

退社

フィンランドは、暗く寂しい雪の国です。
何年経ってもまったく風景が変わらない、小さなヘルシンキの街。家と会社との往復で過ぎてゆく、退屈で単調な生活。
外からの刺激がほぼ皆無であるぶん、デザイナーは、我が身の内側から出てくるものと対峙するしか道はありません。自分自身の内面を見つめ、心を奥底まで掘り下げ、そこに眠る漠然としたイメージを掴みとり、テキスタイルデザインの世界に昇華させてゆく。そんな孤独な闘いをひたすら8年間繰り返す中で、脇阪氏は他の誰にも真似できない独自の表現を身につけてゆきます。
しかしまた、当時32歳であった脇阪氏にとって、北欧での単調な暮らしは我慢の限界を超えるものでもありました。新しさと刺激に満ちた、別の街に住んでみたいという憧れ。常についてまわる「マリメッコ」という偉大な冠を外した状態で、一人のデザイナーとして生きてみたいという挑戦的な想い。
ついに脇阪氏は、8年間勤めたマリメッコ社から離れることを胸に決め、その想いを会社に打ち明けました。最初は猛反対を受けましたが、最後には、世界中どこへ行っても通用する、愛情あふれる紹介状をアルミ・ラティア女史自ら書いてくれたといいます。
「死ぬほど退屈だと感じていたフィンランドでの8年間は、テキスタイルデザイナー・脇阪克二が脇阪克二として生きて行くために欠くべからざる宝物のような時間であった。」
そう、後に脇阪氏は語っています。

日々の創作	
01	椅子

日々の創作

02　釘、鉛筆、服など

Words of Wakisaka

デザインの話「西洋と日本の違い」

西洋人は、柄の取り入れ方がうまいと言われている。壁紙、カーテン、テーブルクロス、ベッドカバー。当たり前のようにそれぞれにバランスよく柄生地を配し、その中で楽しく暮らしている。
一方日本では、そういう文化は定着していないと言わざるを得ない。柄ものの洋服を着こなしている人はとても多いけれど、テーブルクロスを日常的に使っている人をあまり見たことがないし、壁紙やカーテン、ベッドカバーも、圧倒的に無地が多いのではないだろうか。僕のワコール社でのプロジェクトがなかなか軌道に乗らなかったのはそういうところに原因があったのではないかとも考えている。
ただそれは、日本人の柄の使い方が下手だからではないし、ましてや日本人のセンスが成熟していないからでもないと思う。西洋と日本では、根本的な感覚の違いがある。
「間」という考え方がある。西洋人は、花を描きたいと思ったら大きな花を中央にどんと描くし、そこに制約を設けない。僕の場合は、花を描こうと思っても、まず、四角い枠を頭に浮かべてしまう。
その中に花をどう配置すれば花と空間の部分の「間」が良くなるか考える。その結果、花の一部が枠からはみ出ることを前提にデザインすることも多い。

きっと僕たち日本人は、花のない空白の場所も、花と同じぐらい大切に考えているのだろう。だからこそ、四角の枠の中での、有と無のバランスを考える。この感覚は、自分のデザインの根本的な部分に大きく影響していると思う。
インテリアにおいてもそうで、無地の壁やカーテン、ファブリック、また何も置いていない空間、開いた窓の向こう側や、部屋を通りぬけるささやかな風の気配を、僕たちは「無」とはみなさない。柄生地と同じくらい、存在感のある、楽しむべきものなのである。
そんな僕たちだからこそ生活の中で楽しめる、西洋とは違う、日本人独自の柄との付き合い方がきっとあるはずだ。それは今後考えていくべき日本のインテリアの課題であると、僕は思っている。

1976-1985

ジャック・レノア・ラーセン社
ニューヨーク

Jack Lenor Larsen, New York, U.S.A

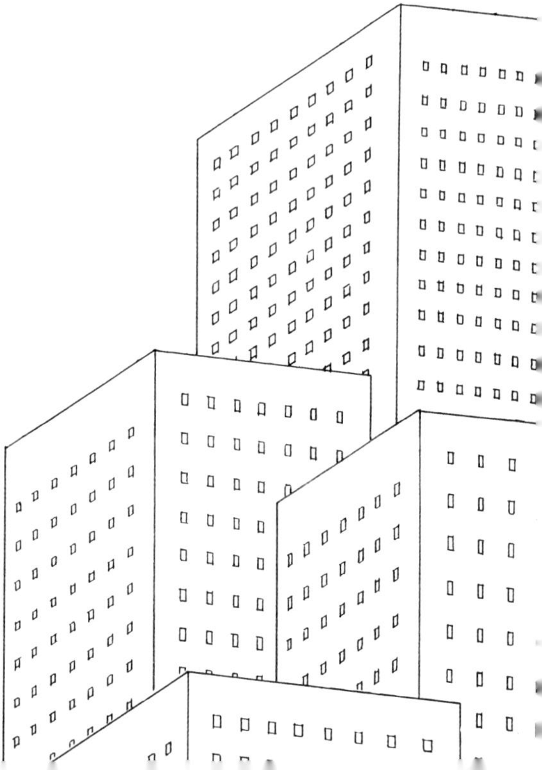

新たなデザインの可能性を求め、
次に選んだ場所は、
刺激に満ちた眠らない街・ニューヨーク。

世界中のテキスタイルの技術を熟知し、
徹底的に洗練されたインテリアファブリックを
追求していた国際的デザイナー、
ジャック・レノア・ラーセン氏の元で、
脇阪氏はテキスタイルデザイナーとしての
新たな一歩を踏み出します。

緻密で繊細なテキスタイルづくり

単純でプリミティブな染色技法を使い、生産のすべてを自社で行っていたマリメッコ社とは対照的に、世界中の工場でつくられ、あらゆる最新技術を使い分けていたラーセン社。そこには、より高度で緻密、プロフェッショナルなデザインを試せる喜びがありました。
ラーセン社の主な顧客は、個人ではなく、プロのデザイナーやデコレーターたち。求められるのは、保守的でありながらも、シックで、クールで、洗練されたモダンデザインでした。脇阪氏はそのニーズに応えながら、日々新たな才能を開花させてゆきます。
当時の脇阪氏のデザインを象徴するのが、ラーセン社でのデビュー作となった「CLEAR WATER」という名のテキスタイル。手描きの流線を幾重にも重ねてひとつの風景のように具象化されたストライプは、繊細かつスタイリッシュ。高級感がありながらも飽きがこなくて使いやすいと大きな評判を呼び、ソファや椅子など、アメリカのさまざまな場所に普及してゆきました。

「CLEAR WATER」の最終デザイン。

CLEAR WATER, 1978

a／「CLEAR WATER」の最初のアイデアスケッチ。フィンランドでは入手しにくい色数豊富なフェルトペンを使用。アメリカの画材に刺激を受けて生まれたカラフルな一枚。
b／色を排除し、手描きの線を波のように重ねて模様をつくっていく。線同士が切れたり触れ合ったりしないように描き直し、ストライプを具象化。まるで風景のような情緒あふれるテキスタイルが完成した。

a.

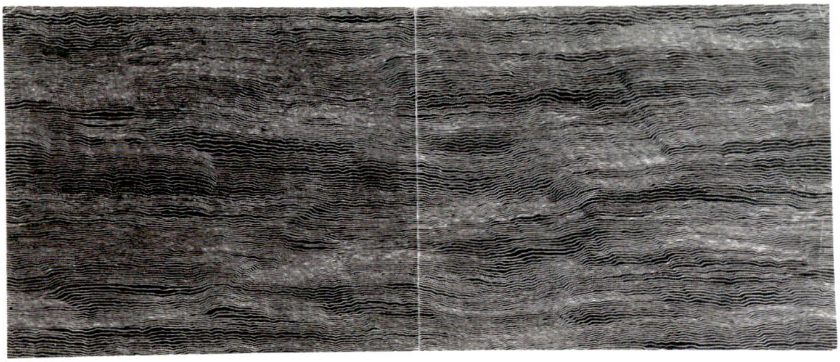

b.

当時のアイデアスケッチより。ラーセン社では、より繊細で抽象的なテクスチャーの創造に挑戦していた。ストライプ柄は昔から好きなデザインモチーフのひとつ。

当時住んでいたSOHOのアパート。倉庫を改装した
ユニークな造りで、広々としたワンルームだった。

左／伊島薫氏によるポートレート。
後ろに写っているビルの5階が
脇阪氏の住居。
右／ラーセン社のスタジオ風景。
下／「SKYLIGHT」のテキスタイルを使ったソファ。ラーセン社は、家具布を得意としていた。

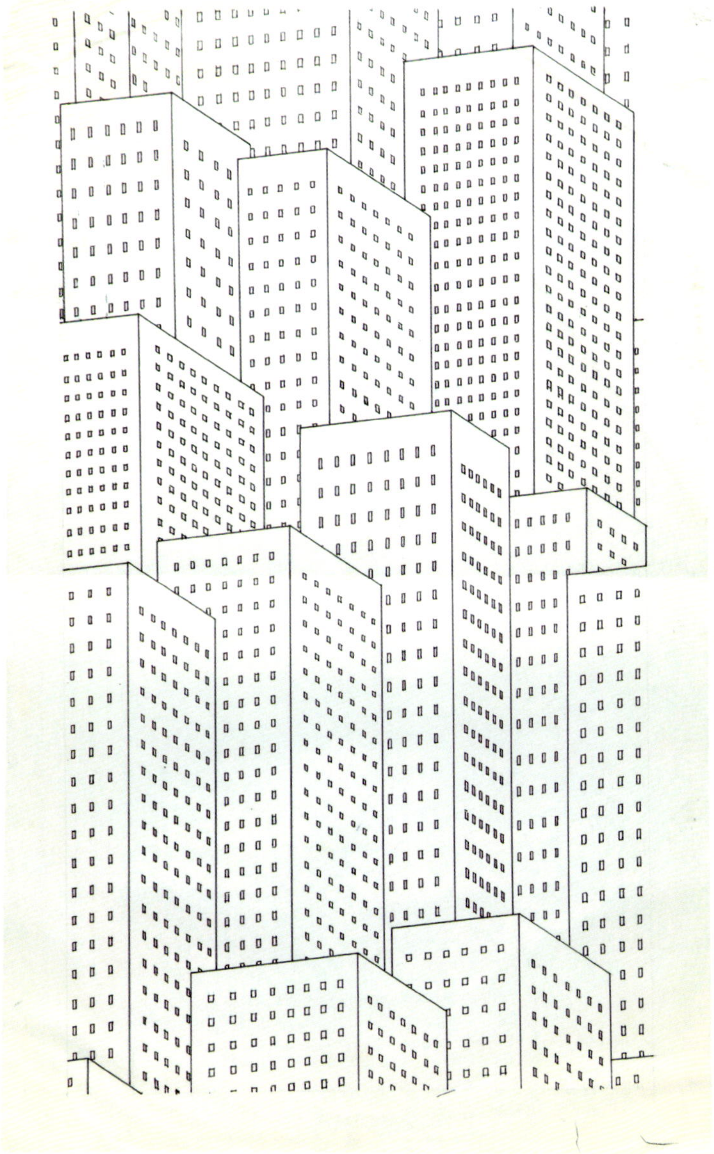

ニューヨークの街をイメージした「SKYRISE」の原画。
当時住んでいた部屋の窓から見えた風景を具象化した。

ラーセンカラー
脇阪氏の原画をもとに、このデザインの最終的な配色を決めていったのはラーセン。色を対比させるのではなく共鳴させるように配することで、シックで上品な、誰にも真似できない「ラーセンカラー」をつくり出している。

上／中近東の民族的な模様をヒントにつくった、「MAGIC CARPET」の最初のアイデア。後にカーペットになった。
下／当時のアイデアスケッチより。細かい模様で平面を埋めるなど、繊細な手法が印象的。右の二枚は「SKYRISE」のカラーイメージ。

「SQUARE DANCE」のアイデアスケッチ。色の異なるドット柄やストライプ柄を同じ平面上に配したユニークなテキスタイル。

Merrion Square
Countercurrent
half width
Jack
Lenor
Larsen
Inc

「質」の創造

根源的に自己と向き合うことを求められたマリメッコ社とは違い、ラーセン社では、また新たなデザインの在り方が要求されました。それは、あからさまに自分をさらけだす生々しい表現ではなく、テキスタイルデザインという客観的なフィルターを通した、ラーセン流のプロフェッショナルな表現。ラーセンのテキスタイルの魅力は、「柄」というよりも「質」。徹底的に洗練されたテキスタイルデザインを提供することで、その空間をハイレベルな「質」で満たしてゆくというものでした。細い線、小さなドット、抽象的なフォルム、繊細な色のハーモニー。より緻密に、精巧になってゆく日々の作業。脇阪氏が心がけていたことは、ラーセン氏の大いなる意向をしっかりと汲み取りながら、自分の内側から出てきたものをうまく中和して、ラーセンというブランドにフィットするデザインに仕上げてゆくこと。それは、また新たな「BE YOURSELF」の体現でもありました。ニューヨークで過ごした、刺激に満ちた9年間。自分自身でも気がついていなかった新しい自分と出会うことで、脇阪氏は、より深みのある表現力を磨いてゆきました。

日々の創作	
03	靴と香水

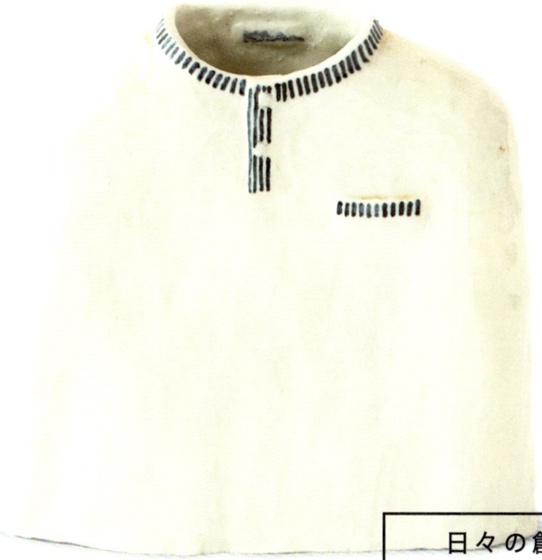

日々の創作	
04	シャツ

1976-1996

ワコール インテリア ファブリック 日本

Wacoal Interior Fabric, Japan

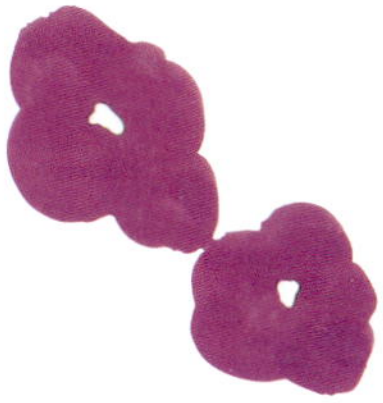

ニューヨーク時代にラーセン社の仕事と並行し、
日本からのオファーを受けるかたちで
ワコール社インテリア部門のテキスタイルも
手がけるようになった脇阪氏。
商品は日本の百貨店などを中心に販売され、
カーテンや雑貨、寝具やこたつカバーなど、
種類も多岐に渡りました。

間, 1977

バラ, 1981
華やかなバラの花を点描風にデザイン。
大胆ながらもシックで上品な印象の
テキスタイル。

ダリア, 1978
咲き誇るダリアの花を、いろいろな
テクスチャーを組み合わせることで
一枚の布に表現。

松屋銀座で行われた、ワコールインテリア
ファブリックの展示会。

桔梗

ロマンチック街道

家

ダリア

エンブロイダリー

バード, 1990（原画）
鳥や花、蝶々にドットやストライプ的な模様を配し、楽しくポップな雰囲気に。抽象的なおもしろさにあふれたテキスタイル。

芍薬, 1981
空間をすべて色で埋めつくした印象的な作品。非常に細かく描き込まれたテクスチャーが、大輪の芍薬に充実感を与えている。

丘の上の家, 1983
大好きな「家」をモチーフにしたテキスタイル。丘の起伏や森の木々もデザインに取り込み、ほのぼのとした牧歌的な世界観に。

飛翔, 1986

「勢い」や「流れ」といった抽象的な概念をテキスタイルで表現。はっきりとした色を意識的に入れることでモダンさを加味した。

心機一転

ラーセンを退社後、日本に帰国してからもこの仕事は続き、20年間、多彩なテキスタイルデザインを発表し続けますが、ワコール社の提唱していたインテリアスタイルが当時の日本ではなかなか浸透しなかったという事情もあり、脇阪氏の所属していたインテリア部門は徐々に縮小してゆきます。場当たり的な商品企画や売れ筋重視のデザイン要請に対し、テキスタイルデザイナーとしてもワコール社での創作に閉塞感を覚えるようになっていた脇阪氏。自分を思い切りぶつけることのできる新たな場所を見つけるため、心機一転、ワコール社での仕事を離れることを決意します。

誌面で提案していたようなライフスタイルは当時の日本ではあまり定着しておらず、テーブルクロスの販売は苦戦していた。（「天然生活」より。上田知枝撮影）

左頁のテキスタイルのもととなったアイデアスケッチ。色味の近い赤同士の組み合わせが力強く、生の魅力にあふれている。脇阪氏曰く「この絵はテキスタイル化することで魅力が半減してしまった。いつか改めてもう一度向き合いたいアイデア」。

日々の創作

05 家

日々の創作	
06	人と乗り物

妻へ宛てた一万枚のアイデア

10,000 Postcards to His Wife

K.
DEC. 16
99

一日一信

奥様へ宛てて描く、一日一葉の絵はがき。それは脇阪氏が24年前から一日も欠かさず続けている大切な習慣です。きっかけは、奥様が寮生活を送る息子さんへ宛てて毎日はがきを書いていたのを見て、自分も毎日続けられる何かをやってみようと思ったこと。現在、その数は既に一万枚を超えています。
仕事の前に描き、朝の散歩の途中でポストに投函するのが毎朝のリズム。はがきは大きさや紙質もちょうどよく、ポストに投函することで社会性を帯びるという性質も気に入っているのだそう。
それは一日一度、まっすぐに自分自身と対峙できるかけがえのない時間。5分で描き終わる日もあれば、2時間以上かかる日も。惰性で前日と同じような絵を描き続けてしまう日、まったく気に入らないものができてしまう日もあります。
「もういやだ、やめたいと思ったことは何度もあるが、描けなくても描く、惰性でもいいから描く、とにかく描き続ける。すると、ある日突然、新しい世界が開ける感覚を味わうことになる。」
デザインは自分自身を写す鏡だという脇阪氏にとって、言わばこのはがきは、一万枚の自分自身の姿。一枚一枚がかけがえのないデザインのアイデアソースであると同時に、脇阪氏がデザイナーとして生きる日々を支える重要な役割を担っています。
そして奥様にとっては、何ものにも代え難い宝物なのです。

27. 6 '09

ポップなもの
愛らしい表情やカラフルな色づかいが印象に残る。
家や車や花は、何度も繰り返し登場するモチーフ。

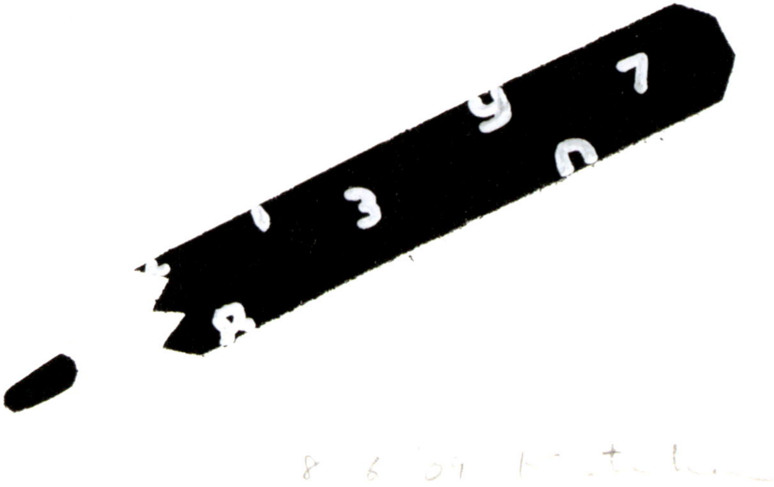

ポップなもの2
椅子や文房具、魚や動物など、身近にあるものを
柔らかなタッチで表現。

'11. 12. 18

和のもの
和風の柄も、脇阪氏の手にかかるとこんなに楽しい絵に。大胆な構図と色づかいは、さすが。

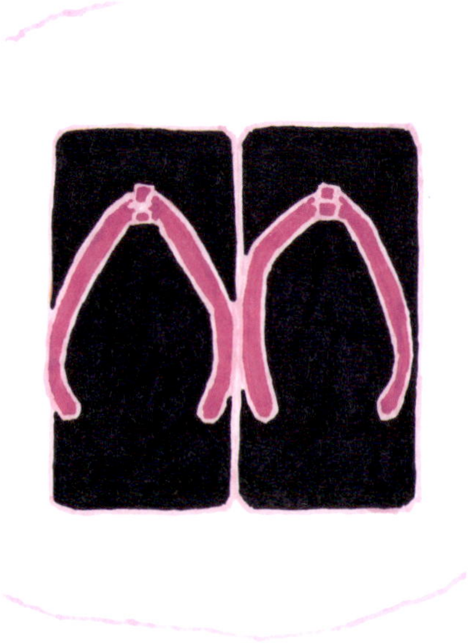

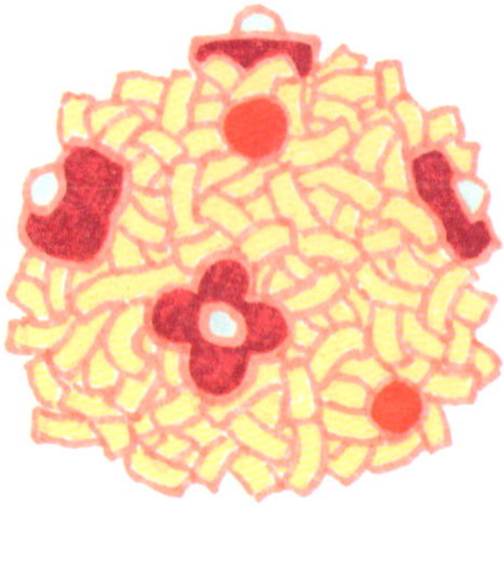

和のもの2

下駄や和菓子、菊など、古くから日本で愛され続けていたモチーフを華やかに描く。京都に生まれ育ったからこその審美眼が光る。

幾何形態

図形が登場するジオメトリーな表現は、マリメッコ時代から強く惹かれていたもののひとつ。

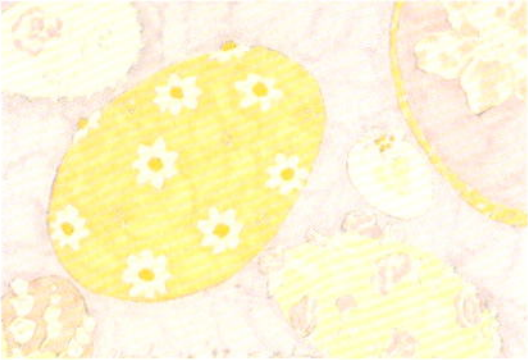

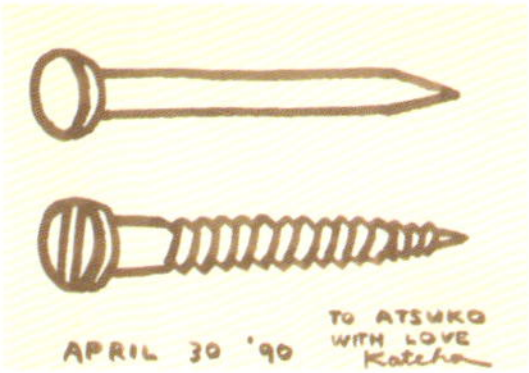

ソフトタッチのもの
眺めているだけで心が安らぐ柔和なイラスト群。
優しい線は、脇阪氏の作品の特徴のひとつ。

'12. 1 24

日用品
普段から目にしているものを、素直に、シンプルに描く。どこにでもあるものが、なぜか愛しく思える。

パターン
レピート（柄の繰り返し）を意識して描かれた、
テキスタイルデザインのようなイラスト。

Words of Wakisaka

デザインの話「モチーフのこと」

花。自動車。靴。家。鳥。動物。それから、シャツ。
特にこれといった理由はないが、何となく好きで、何かというとそればかり描いてしまうものがある。好きなモチーフは、毎日のように目にしたり、触れたりしているもの。とにかく、どれも身近なものばかりだ。
僕は、デザインのインスピレーションを得るために、ここではないどこか遠くの場所へ行くということは滅多にない。旅行も、どちらかといえば苦手である。何かを生み出すために非日常を求めることは、自分自身とは相反している。デザインは、毎日の生活の中から生まれる。それが自然な姿だと思う。毎朝の散歩、食べたもの、吸った空気、目にしたもの、耳にしたもの。そんなものが、そのまま日々のデザインに反映されている。
また、テキスタイルをデザインするにあたって、対象を写生したり、写真を見ながら描いたりすることもあまりない。たとえば僕が花を描くとき、ほとんどの場合、それは名もない花である。だから描き終わってみるまで、それがどんな花になるのか自分でもわからない。日々の暮らしの中で知らぬ間に自分のなかに沁み込んでいる花のイメージが、テキスタイルデザインを通してはっきりと具象化されるのだろう。もしくは、自分の中にある何か別のイメージが、花という普遍的なものに姿を変えて表れているのかもしれない。
いつもまっしろな紙を前にしてデザインを始めるとき、頭のなかにはもやもやしたものがあるだけで、最終的に何が出来上がるのか、自分でもまったく見当がついていない。だからこそ、自分の内側から出てきた意外なものと出会う瞬間は毎回新鮮な驚きを感じるし、とてもわくわくする。
その過程の体験こそが、僕のいちばん好きな時間なのかもしれない。

日々の創作

07	木のもの

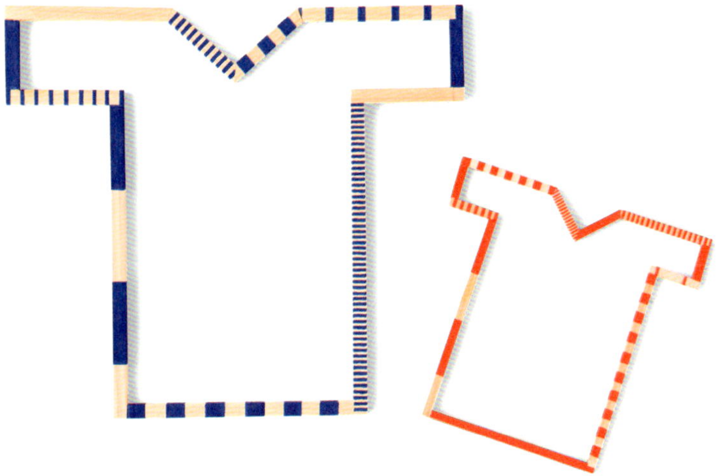

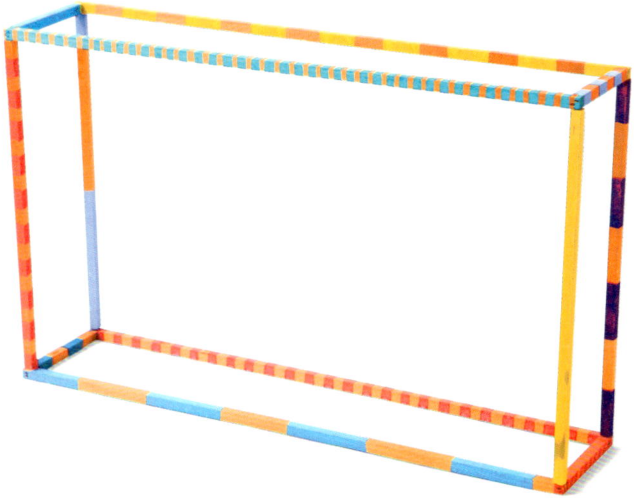

日々の創作	
08	段ボール

2002-

SOU・SOU
京都

SOU・SOU, Kyoto, Japan

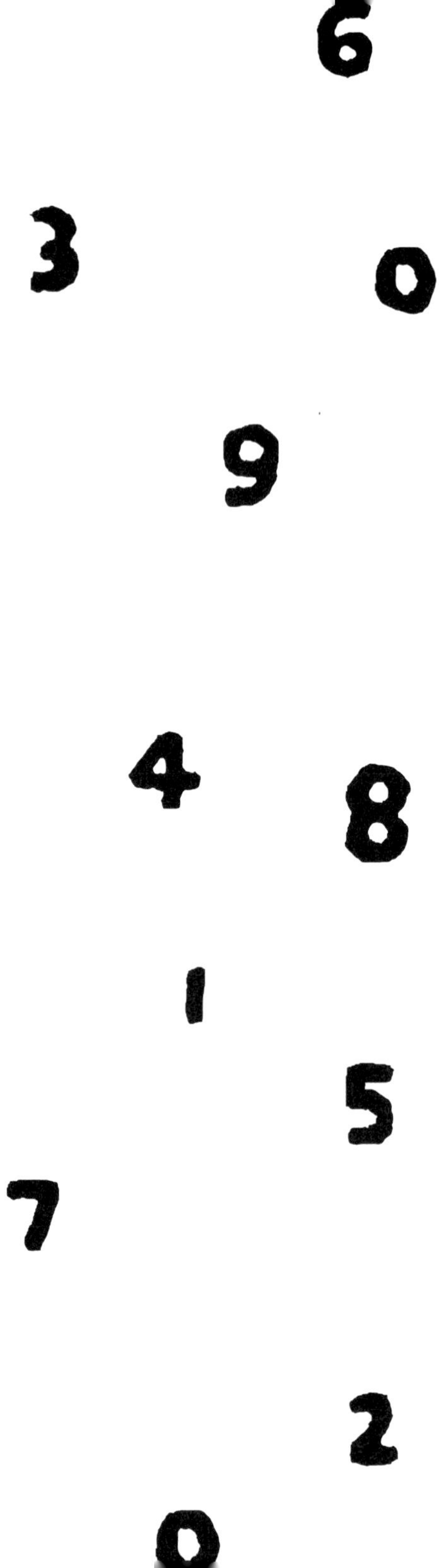

「日本の伝統の軸線上にあるモダンデザイン」
をコンセプトにオリジナルのテキスタイルを作成し、
衣服や生活雑貨などを展開するSOU・SOU。

オリジナルのテキスタイルは、
ほぼすべてが脇阪氏によるもの。
四季折々の恵みを豊かに感じられる京都での生活から生まれた
さりげなく、愛らしく、情緒あふれる柄の数々は、
日々の暮らしにさりげない安らぎや楽しみを与えてくれます。

素材から生産過程までのすべてを国産に限定し、
日本人が日本を見つめ直すきっかけを模索する。
時代とともに、変わってゆくこと、そして変わらないこと。
その両面の大切さ、美しさを意識しながら
守ってゆくべき日本の伝統文化の新たな在り方を提案する、
これからも目の離せないブランドです。

"SOU・SOUの
テキスタイルデザインについて"

僕は日本人にとってのしょうゆ、
みそ、とうふ の様なものを
SOU・SOUのテキスタイルデザインの
世界でつくりたいと思っています。
日本人がふつうに毎日のように
食べているもの、特別なものでは
ないけれど おいしく あきないもの。
日本人が本当に必要としているものを
つくっていきたい。
そういうものこそ 世界の人にも
わかってもらえると思います。
日本には昔から魅力的な模様
がたくさんあります。
着物の世界だけ考えても
模様の宝庫です。

日本人が持っている素晴しい感性を
今に生かしていきたいと思っています。
もちろん昔の模様だけではなく
この時代にしか生まれてこない
模様もつくっていきたいと
思っています。

脇阪克二

SOU・SOU

SOU・SOUの店舗では、オリジナルテキスタイルを計り売りで販売。階段横の手すりにテキスタイルの柄をあしらうなど、インテリアにも遊び心が。

0 8
4 1 6
5 7
6 3 2
8 1
0 9 4
2 6
3 7 0

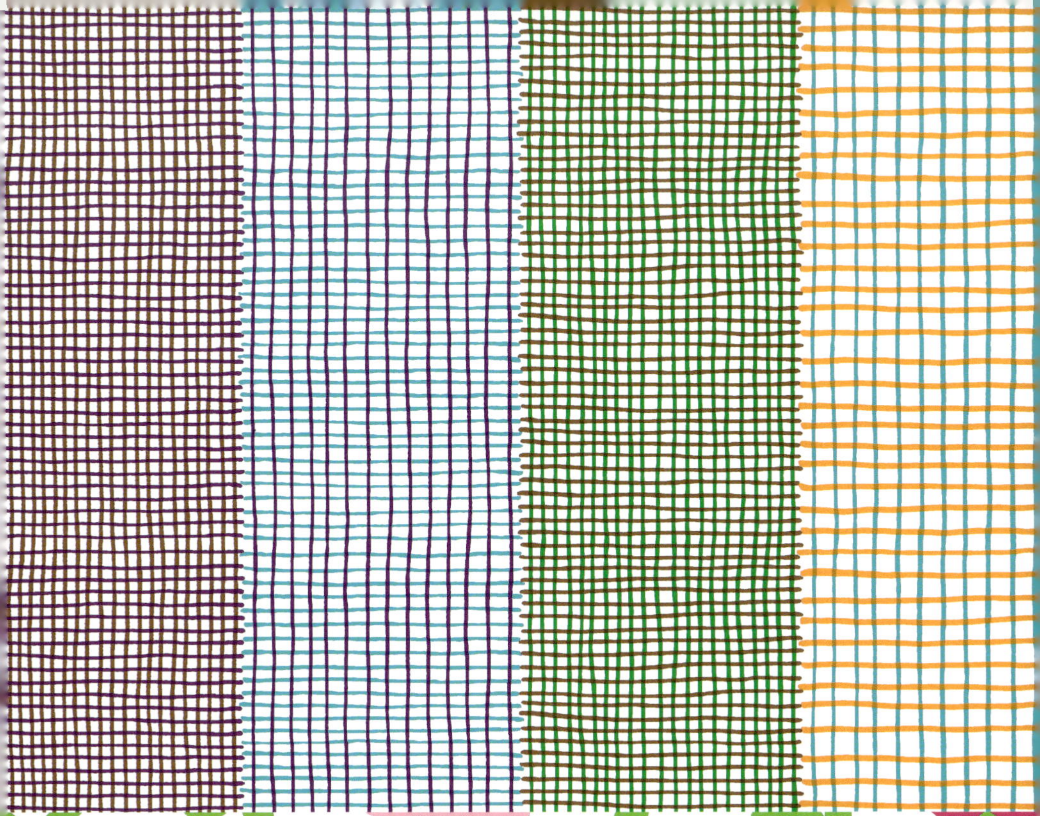

平安京
2008

四季

フィンランドとニューヨークでの8年間ずつの生活を経て、生まれ育った京都に戻ってきた脇阪氏。改めて日本で暮らしてみて気づいたことが、四季の存在でした。
空に、山に、風に、草花に、空気に、食べ物に、暮らす人々の表情に。春夏秋冬、それぞれの季節がもつ繊細で豊かな表情こそが日本の何よりの財産であり、美点であることを深く実感します。
「その土地に住めば、その土地のデザインが生まれる。」
自身の言葉の通り、脇阪氏が肌で感じた京都の四季折々の風情が、SOU・SOUの情緒豊かなテキスタイルデザインに反映されています。

春

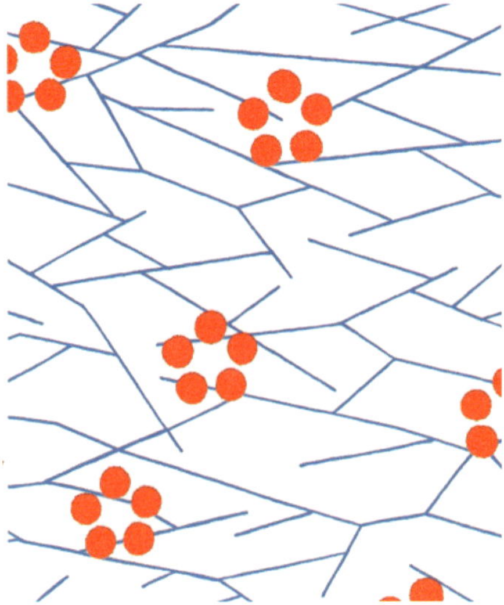

氷梅　2009

寒い冬のさなかに春が近いことを
感じさせてくれる梅の花。
その梅と氷を表した氷梅という
模様がある。匂いあふれる梅の花と、
凍りついて亀裂が走った氷という
思いがけない組み合わせを
模様にしてしまった。
昔の人はすごいなあと思う。

節分　2010

節分には「鬼は外、福は内」
という掛け声と共に、
枡に入れた豆をまく。
鬼に豆をぶつけることで邪気を払い、
一年の無病息災を願う。
まかれた豆を歳の数、またはそれより
ひとつ多く食べると、体が丈夫になり
風邪をひかないとも言われている。
一年で一番寒いこの時期に声を
張り上げて「鬼はー外！福はー内！」と
何度も叫び、盛大に豆をまくと、
縮こまっていた体も伸びて、
心も体も元気が出てくる気がするものだ。

おひなさま　2011

あかりをつけましょうボンボリに、
お花をあげましょう桃の花…。
ひなまつりのこの歌はとても愛らしい。
女の子が生まれた喜びが感じられる。
その子が心身共に健やかに
成長していってほしいという
願いを込めておひなさまを飾る。
何と優雅で幸せなまつりだろう。

梅林　2011

寒気の中、一番に咲く梅の花は
気品があり、清らかな香りを
放つことから古来人々に愛されてきた。
早春の梅林を歩けば、
心は清らかに澄んで至福の
思いに満たされる。

寒椿　2011

椿は冬でも常緑で濃い緑の葉の中に
鮮やかな赤や白の端整な花をつける。
花全体が音を立てて地に落ちる様は
劇的な魅力があり、
日本人の美意識に訴え続ける。

花椿　2009

分厚く光沢のある葉を持つ椿。
濃い緑の葉の中に鮮やかな
赤い花が映える。
一面の苔の上に赤や白の椿が
落ちている状景は華やかで幽玄。
情念の世界を垣間見せてくれる。

おおいぬのふぐり　2008

緑の中に小さく鮮やかな
ブルーの花がびっしり並んでいる。
どういうわけか青空を
見ている感じがする。
これを発見すると春が来たなあ
とうれしくなる。

春一番　2009

まだ少し肌寒い春の風に
さそわれて外に出ると、
暖かな日差しの中に小さな赤い花が
いっぱい咲いている。
点々と並んで背くらべをするように、
競い合って大きくなろうとしている。
誰かが種をまいて
育てているわけでもない野の花の
たくましさ可憐さに、
生きていることは
こういうことだと教えられる。

桜づくし　2011

春になると日本各地が
桜一色に包まれる。
艶やかで切なくて潔くて……。
何とも言えない感情を
呼び起こす桜の花。
日本人は桜と共に
情緒的なひとときを過ごす。

都をどり　2011

爛漫と咲き乱れる桜の舞台に
華やかな着物を着た祇園の
きれいどころが勢ぞろいする「都をどり」。
130年以上も続いていて、
４月の京都にはなくてはならない
ものになっている。
青い地に桜の模様をあしらった
着物で居並ぶ様は、何ともあでやか。
その着物のイメージで春を迎えて
盛り上がる京都の濃密さを歌い上げた。

夏

紫陽花　2011

あじさいの花の咲き始めは白く
次第に水色から淡青色に色づき
最後は深海を思わせる
濃いブルーになる。
梅雨の長雨に曇る庭に
さまざまな濃淡の青が鮮やかに
映える様は、心にしみる。

白蓮　2011

丸く大きな葉が
重なり合って波打つ中、
まっすぐに伸びた茎に
真っ白な大輪の花を開く。
清らかで高貴な雰囲気が漂う
真夏の花。

新緑　2011

初夏の木々の緑、その葉の新鮮な色が
青空に映える。
吹く風が心地よく、
寝転んで見上げると
葉が重なり合ってゆれている。
いつまでも見ていたくなるような
美しい5月の新緑。

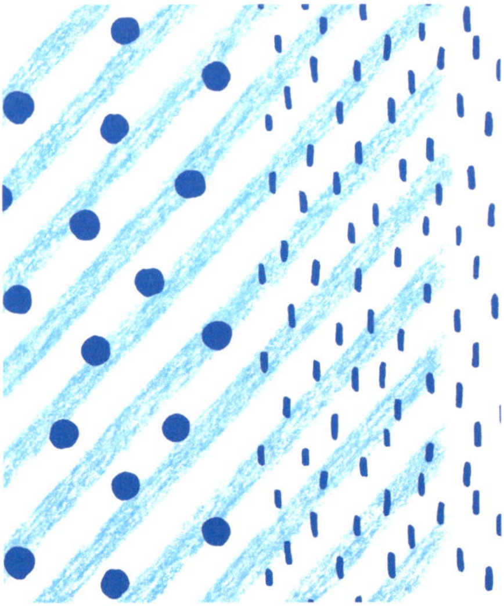

天のしずく　2011

6月になると梅雨も近く雨の季節に入る。
しとしとと連日のように雨が降り続き、
気持ちも沈んでくる。でも見方を変えて
みると、グレイの空に透明なストライプや
水玉が降ってくる状景は
とてもセンスがよくてしゃれている。
木の枝や葉っぱにも、しずくがたまって
かわいい。そして雨が降らなければ、
植物は育たないし、人は生きられない。

わた雲　1992

梅雨があけて久しぶりの青空が
顔を出した。
空にはふんわりとした
わた菓子のような雲が浮かんでいる。
雨が続いて滅入っていた気持ちも
晴れてきて、心がのんびりしてくる。
ぼんやり見ていた雲が、
だんだんいろんなものに見えてきて、
花がポッカリと浮かんでいるように
見えてくる。
僕の気持ちも花と一緒に
ふわふわと飛んでいるように
楽しくなってくる。

鯉のぼり　2011

晴れた青空に風をいっぱいに受けて、
ゆうゆうと泳ぐ鯉のぼり。
昔は男の子の出世を願って立てられたが、
現在では家族みんなの願いをこめて
何尾もあげることもあるようだ。
大空を泳ぎ回る姿は、
伸びやかで心の中にも緑の風が
吹き渡っていくようだ。

天の川　2011

昔、七夕の頃よく聞いた。
織姫（織姫星）と彦星（牽牛星）は
恋し合っていたが、
お互いの間に天の川があって
会えなかった。
一年に一度、
七夕の日だけ天の川に橋がかかって
会うことができた。
でも雨が降ると、
水かさが増して川を渡ることができず、
二人は会えなかった。
それにしても、夜、
星を見なくなったなぁ。

夏の朝　2011

夏の朝、パッと花を咲かせ、
一日でしぼんでいく。
ぐんぐん伸びる蔓や大きく
開いた花は勢いがあって爽快。
まさに夏の花という感じがする。

夏花火　2008

夏の日差しがいろんなものに反射して光る。
いつも見ている花もまばゆい光を浴びて、
はじけるように輝いている。
小さい頃の夏を思い出してワクワクしてくる。
みんなで海へ行ったこと、
スイカをおなかいっぱい食べたこと、
大きな網を持って
昆虫採集にいったことなど。
花火も楽しみだった。
ドーンという音とともに、
大輪の花を咲かせるのを
我を忘れて見とれていた。
キラキラときらめいていたあの夏が
なつかしく思い出される。

祇園祭　2011

僕のイメージの中にある祇園祭は、
赤い色と密接に結びついている。
山や鉾《ほこ》を飾っている
ペルシャじゅうたんのまわりは
赤い布で縁取られている。
大きな紋の入った幔幕《まんまく》も赤。
鉾の屋根の上にかぶっている
三角帽子のようなものも赤。
濃密な赤が華やかだった
都の色気を感じさせる。
この赤がなかったら、
僕の祇園祭りへの想いはまったく
違ったものになっていただろう。

秋

赤とんぼ　2011

暑さも少しおさまって秋風が
吹き始める頃、
思いがけず赤とんぼを目にすることが
ある。なつかしいなぁ！
小さいときの遊びまわっていた頃を
思い出す。
あの頃のゆったりとした、
いつまでも続く時間が
赤とんぼと共によみがえってくる。
あの頃に戻りたいとは思わないけれど、
二度と戻ってこないときは
切なくいとおしい。

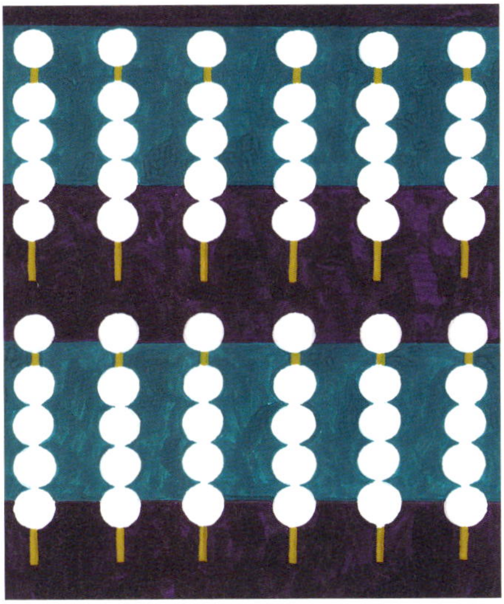

みたらし団子　2011

一年で月が最も美しい9月。
下鴨神社の名月管絃祭では、
串にさされた5個の真白な団子が
三角形に積まれお供えされる。
この下鴨神社のみたらし池に
ブクブクと浮かび上がってくる気泡を
模して作られた団子が
みたらし団子の始まりだそうだ。
真白な団子だったのが
現在のようになったのは
明治時代に入ってからと言われている。

白菊　2006

散歩している雑草の中に点々と
小さい白い菊が並んでいる。
ひっそりと、しかし一心に
上に向いて咲いているそのことが、
とても美しいと思う。

武蔵野　2009

武蔵野と題された襖絵は一面の芒野《すすきの》だ。
昔、武蔵野は芒の穂で
覆われていたのだろうか？
秋風が吹き始めると散歩する道沿いに
芒の穂が姿を見せる。
風に大きく揺れ横倒しになりながら、
たおやかに生きている。
「そうそう」と相づちを打ち
右に振れ左に振れながら、
自分の考えを確かめ確かめ歩んでいく
日本人と重なってくる。

野菊　2006

野菊には派手さはないが素朴で楚楚《そそ》
とした美しさがある。
野原の風景に溶けこみながら、
日の光や土のにおいとともに
しっかりと根付いている。

長閑　2010

真白な大輪の菊は、
たっぷりしていて、
見るものの気持ちも大らかになってくる。
植物は物言わないけれど、
人間がつまらないことで
悩んでいることから救ってくれる。
気がかりになっていたことも忘れて、
のびのびと長閑な一日をおくれそう。

丸に小菊　2011

桜が春の花の象徴なら、
秋の花は菊と言えると思う。
小さな菊は日本のどこにでもあって、
日々の暮らしのなかでよく使われれる。
日本人にとってはもっとも
身近な花のひとつではないかと思う。

どんぐりころころ　2011

どんぐりは丸くて、ころころしていて、
手に持っても気持ちいいし、
見ていてもかわいい。それだけでなく、
どんぐりを秋に植えておくと
かなりの確率で、
春には芽を出しやがて
葉が伸びてくる。どんぐりが落ちていると、
その上を見て、どんな葉で、
どんなたたずまいか見てみる。
そして自分が好きな感じだったら、
拾って帰って植えておく。
冬を越して、芽が出てきたときの喜びは、
何ものにもかえがたい。

大和錦　2009

秋が深まって霜や時雨のたびに
一段と赤さを増していく紅葉の中を
ひとすじの川が流れる。
凋落した真っ赤なもみじ葉が
水の流れに身を任せていく。
王朝絵巻を思い起こさせる
雅な錦の世界が広がっていく。
ある物悲しさをともなって……。

紅葉狩り　2010

晩秋の陽をあびて光り輝く
無数の赤い葉の連なりを見ていると、
心が高揚してくる。
やがて来る冬を前にして、
最後の力を振りしぼって燃焼する
生命の力に圧倒される。
あそこのお寺の紅葉は
もう始まっただろうか、
今どれくらい赤くなっているだろうかと、
気になって落ち着かなくなる。

冬

雪やこんこん　2011

雪がふってきた。しんしんと音もなく
真白な水玉模様が降ってくる。
今年も冬がやってきたのだ。
今年の冬はどんなふうに過ごそう。
冬のおいしいものもあるし
雪の世界もいいなあ。
寒いけれど、寒さもまたいいものだ。
雪を見ていると空想がひろがってくる。

雪うさぎ　2010

雪をかためてうさぎの形をつくり、
南天の赤い実を目に、緑の葉を耳にして、
子ども達が遊んだ雪うさぎ。
降りしきる雪の中、何頭もの雪うさぎが
並んで何かを待っている。
それは暖かな春のおとずれだろうか。
うさぎ年が皆様にとって
良いお年でありますように！

ゆきはな　2007

淡くすぐに消えてしまいそうな雪の花。
遠い幼い日に見た夢の中の花。
空想の世界の花は清く美しい。
美しいゆえにはかなく
なおいっそう人を魅きつける。
雪の日の朝、人はひととき夢をみる。

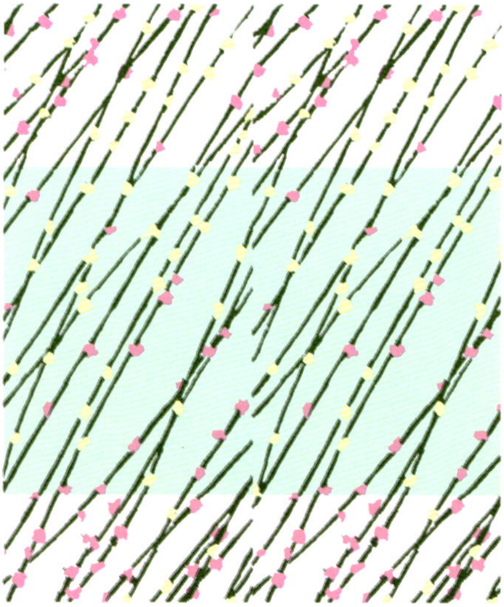

餅花　2010

正月、特に小正月（1月15日頃）に
柳などの木の枝に小さく切った餅などを
さして一年の五穀豊穣を祈って飾った。
京都ではある時期から、
旅館や店などでお正月のお飾りとして
目にするようになってきた。
青い柳に赤と白の水玉状の餅が点々と並び、
軒先から垂れ下がるのを見ると、
お正月が来たのだなぁと、
おめでたい気持ちになってくる。

言祝ぎ　2009

おめでたいお正月のお祝いに
欠かせない松竹梅だが、
何となく古めかしい感じもする。
今回は思い切って抽象的に
ストライプと水玉で松竹梅を表現し、
御祝いの言葉とした。

もういくつ寝ると.... 2011

12月になると何となく気持ちが
落ち着かなくなる。
一年ももうすぐ終わり。
あっという間だった気がする。
今年は自分にとってどんな年だったろう。
あと何日かでお正月。
いろんなことを片づけて心新たに
新しい年、お正月を迎えたいと思う。

てぬぐい

SOU・SOUのてぬぐいは、甘撚《よ》りの糸でゆっくり織った「伊勢木綿」。洗うほどにどんどん柔らかく、やさしい風合いになっていくのが特長です。いまでは一社のみとなった三重県の織元で、明治時代から受け継がれた機械を使い、ベテランの織り子の手によって、当時と変わらない製法で織られています。そしてテキスタイルの染色は、昭和初期から京都で続く染色工場によるもの。一般的なてぬぐいはプリント生地を大量生産した後に断裁してつくられることが多いのに対し、SOU・SOUのてぬぐいは職人の手によって一枚一枚精魂込めて染め上げられたもの。驚くほどの手間と時間をかけ、ようやく一枚のてぬぐいの完成に至るのです。

ずらりと並ぶ手捺染用の版。
この版を生地の上に置き、
染料を乗せて手作業で染めていく。

ベルベット系は型をめくり(

和菓子になったテキスタイルデザイン

日本古来の伝統文化を代表するのが、美しく奥深い、和菓子の世界。SOU・SOUでは、和菓子という文化のすばらしさを見つめ直すために、老舗の京菓子司・亀屋良長《かめやよしなが》とのコラボレーションによる、オリジナルのテキスタイルからイメージした和菓子を、毎月提供しています。

脇阪氏が毎月一柄ずつ新しくデザインするのは、1年の移ろいを表現した、モダンでポップなテキスタイル。そして出来上がったテキスタイルをもとに和菓子の意匠を考え、亀屋良長がそれを製作します。こうして毎月新しくつくり出される和菓子は、京都のSOU・SOUの店舗内にある茶席で、丸久小山園のお抹茶と共にいただくことができます。

和菓子をいただいたあとには、脇阪氏の新作テキスタイルをプリントしたお懐紙代わりのポストカードを持ち帰ることができるのもうれしい趣向。

長い歴史に基づく伝統技術はしっかりと継承しつつ、現代の新しい感覚をさりげなくちりばめて。はっとするほど新鮮でかわいらしい和菓子の数々は、SOU・SOU流温故知新の結晶ともいうべき、新しい挑戦の姿です。

和菓子とテキスタイルの魅力が引き立て合う、月替わりのおもてなし。目には愛らしく、舌にはおいしく、心には華やかで、SOU・SOUを訪れる人々に笑顔と安らぎをもたらしてくれます。

SOU・SOUの茶席。日々使われている茶道具の釜や茶筅、棗には、脇阪氏の直筆による絵が描かれている。

一月

二月

三月

四月

五月

六月

七月

八月

九月

十月

十一月

十二月

亀屋良長

亀屋良長《かめやよしなが》は、京菓子の名門と広く謳われ、一時は江戸にまで名を知られた亀屋良安から暖簾分けするかたちで、享和3(1803)年に創業した伝統ある菓子司。京都三名水のひとつと言われる醒ヶ井《さめがい》の銘水を使用した和菓子は、地元のみならず、全国の人々から深く愛され続けています。
なかでも創業以来つくられている家伝銘菓・烏羽玉《うばたま》は、発売以来200年が経った現在も昔ながらの製法でつくられていて、柔らかくほのかな黒砂糖の味わいは世代を超えたファンを持つほど。
日本の四季折々の風情を取り入れながら、おいしく美しい和菓子を彩り豊かにつくり続けてきた亀屋良長。誇るべき伝統をしっかり生かしながらも、固定観念にとらわれない新たな商品づくりに力を注ぐ8代目・吉村良和氏の和菓子への愛情と、SOU・SOUの伝統文化に対する熱い想いが実を結び、「和菓子になったテキスタイルデザイン」は生まれました。

江戸時代に使われていた、亀屋良長の和菓子見本帳。現存するものは少なく、非常に貴重な参考文献として今も使われている。

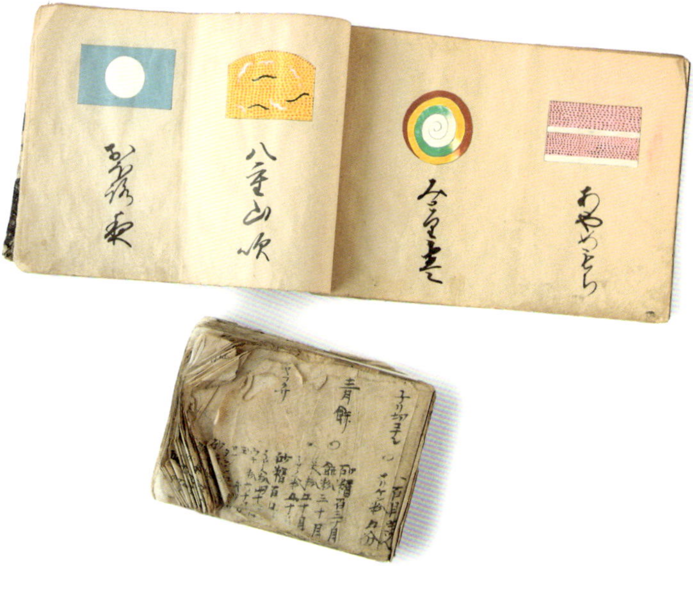

原画・イメージ

四季を象徴するモチーフや、日本ならではのモチーフを意識的にデザインに取り入れたSOU・SOUのテキスタイル。

「菊づくし」(2008)の原画

「文(ふみ)」(2009)のラフスケッチ

デザイン原画(後に「ほほえみ」(2011)となる)

「大和錦」(2009)の原画

「菊づくし」(2008)のイメージスケッチ

地下足袋

SOU・SOUというブランドが世間から注目されるきっかけになったのが、ポップでカラフルなデザインが斬新なオリジナルの地下足袋です。デザイン性と機能性、さらに伝統をも兼ね備えた地下足袋。独特なプロモーショ

ンと脇阪氏のテキスタイルデザインが見事に溶け合い、一度見たら忘れられない唯一無二の存在感を放っています。2003年の発表後、すぐに大きな話題を呼び、全国的大ヒットを記録。その後も毎シーズン新柄が発表され、愛用者は増える一方に。ビジュアルの美しさはもちろん、一度身につけたら癖になる快適さも人気の秘密。日本で唯一の国産地下足袋として、いまや押しも押されぬブランドの代名詞的アイテムになっています。

地下足袋の絵型
独特のパターンが特徴的な地下足袋は、デザインが最も難しいもののひとつ。完成図をイメージしながら、立体的で綿密なデザインを詰めてゆく。

SOU·SOU/

伝統文化

海外で生活を送っているときには、日本の伝統文化について真剣に考える機会をあまり持たなかったという脇阪氏。
しかしフィンランドとニューヨークでの生活を経て、生まれ育った京都に帰ってきた後は、日本の伝統文化に触れ、またそのすばらしさに驚きを覚える機会が格段に増えてゆきます。
江戸時代から続く専門店が軒を連ね、家の近くを散歩するだけでも伝統文化の気配を感じることのできる京都という特別な土地。そしてまたSOU・SOUのテキスタイルを手がけるにあたり、日本の文化や行事について改めて具体的に調べる機会が増えたことも、考察を深める一因になりました。
長年に渡り、先人たちによって受け継がれてきた、用の美にあふれる伝統技術。豊かな自然、四季折々の風情を巧みにとらえ、具象化してゆく力。
技術的にも、芸術的にも、知れば知るほど奥が深くて美しい、日本の伝統文化。
「現在、日本文化の西洋化がどんどん進み、表面的には伝統文化から離れているように見えるけれども、伝統文化独自の美しさを感じ、また味わう感覚は、私たち日本人の心の奥深くに知らぬ間に浸透しているのではないだろうか。」
そう考えた脇阪氏が新たに目指したのは、日本の伝統文化が持つ魅力を素直に取り入れながらも、より自由で、ポップで、現代の暮らしにやさしく寄り添う、新しい日本のテキスタイル。
和的モチーフや、日本古来の伝統文化がポップに表現されたSOU・SOUのテキスタイルデザインには、そんな強い想いが込められているのです。

有松鳴海絞り

脇阪氏による
有松鳴海絞りの柄

江戸時代初期に生まれ、またたくまに一世を風靡する一大産業となった尾張地方の有松鳴海絞り。約400年という歴史を持ちながらも、売り上げの減少や後継者の不在などから、現在はその存続が危ぶまれています。SOU・SOUでは、この伝統文化を守り、さらに現代の日用品として発展させるためのプロジェクトを始動。脇阪氏が提案したのは、技巧的な複雑さをなるべく排除し、絞り本来の魅力を素直な形で引き出す新しいテキスタイル。この試みは多くの人々の支持を受け、有松鳴海絞りが再び注目を集めるきっかけとなりました。

上／有松鳴海絞りの伝統柄。絞り方の違いによって、多種多様な模様が生み出される。
左／有松の工場にて、手練の職人が染めた布を水洗いしていく。後継者不足も深刻な問題のひとつ。

伝統を継承したテキスタイル

桜、菊、梅など、古来愛されている自然のモチーフ。寺院や庭園、能や浮世絵など、四季のある日本に暮らす人間だけが共有することのできる美しいイメージ。そこには、理屈だけでは説明できない、普遍的な魅力や安らぎがあります。

日本人の心の中に脈々と受け継がれているこうした伝統文化を、現代に生きる者の視点からもう一度見つめ直すことこそが、これからの日本のデザインの発展にとって重要なカギになるのではないかと脇阪氏は考えます。

守るべきものは守りながらも、そこに現代風のエッセンスを加えることを決して忘れないのが脇阪流のテキスタイルデザイン。温故知新の絶妙なバランスが織りなす新しい美しさは、京都に生まれ育ち、日本の伝統を熟知している脇阪氏だからこそ生み出すことができるのかもしれません。

家紋と一文字　2006
日本を象徴する花、桜と菊をモチーフにしてSOU·SOUの家紋をつくりました。普通はひとつのモチーフでつくられているのですが、あえて2つを組み合わせてみました。

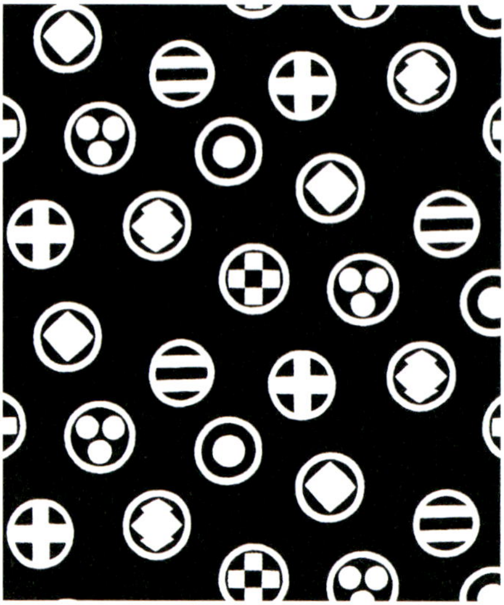

家紋　2005

日本の家紋はセンスがいいし、
かっこいいなあと思う。
これ以上出来ないというところまで
モチーフを凝縮し単純化している。
その中に美しさ、力強さ、
しゃれっ気、遊び心などが息づいている。
ひとつひとつの家紋が個性的で
自己主張が強い家紋柄では
その雰囲気だけもらって、
形は単純な幾何柄を組み合わせて
模様にしてみた。

菊水　2005

菊に水の流れという昔からの
日本の模様をシンプルに、
そして色を新しくして表現した。
昔からの模様には良いものが
いっぱいある。
それをどう生かしていくかが
大きな課題だ。

菊　2004

菊は日本の文様に多く使われているが、
これは和菓子や干菓子の菊を
イメージしてデザインしてみた。
日本的な印象を強くするためには
ハーモニーよりコントラストが大切だ。
黒い雲で締めてみた。

校倉　1993

東大寺の正倉院は現存している
数少ない高床式の校倉造り。
三角の断面の木を積み上げた壁は
美しいだけでなく機能的。
まさに用の美といえる。
千年以上もの間、秘宝を守ってきた
校倉の壁をイメージした。

夜菊　2009

雲間から姿をあらわした、
まん丸いお月さま。
その光に照らされて
浮かび上がる白い菊の陰影が、
秋の夜の澄んだ空気を伝えてくる。
夜空の月と雲、そして菊の花。
日本情緒のひとつの姿。

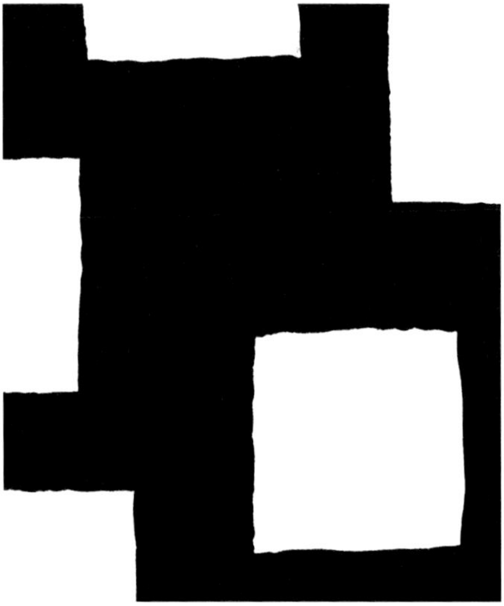

庭石　2006

門をくぐると苔につつまれた敷石が
不規則にしかしある秩序を持って
配置されている。
この絶妙な配置こそが
日本らしい美しさだと思う。

白波　2006

西洋の人は波を写実的に表現する。
日本人は北斎の浮世絵のように誇張され
様式化されたダイナミックな波を
思い浮かべるのではないだろうか。

菊唐草　2006

これは僕が大好きな光琳の写し。
彼の絵の大胆さと繊細さ、
思い切って省略していながら
菊の美しさが匂いたってくる風情がある。
光悦、宗達、光琳、乾山は
日本美術の白眉であり、
僕の永遠のあこがれだ。

凛　2008

能を見ていると、
背筋がピッと伸びた凛とした美しさにゾクゾクしてくる。
その能衣裳の一部分から
インスピレーションをうけて、
シンプルだけれど緊張感のある
模様をつくってみた。

きくまる　2008

昔の着物の模様は、
今の日本人の意識では考えられない
ほど大胆なものが多い。
今よりずっと精神が自由で
いきいきしていた。
そんな時代への憧れを菊と縞に託して。

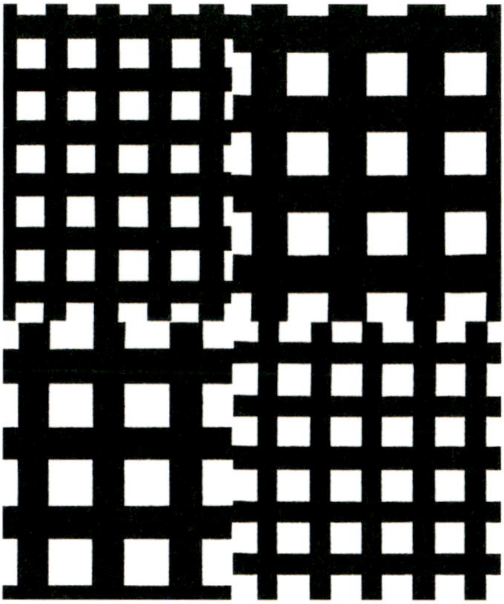

竹矢来　2010

縞や格子は昔からあり、
どの国にもある基本的な模様である。
それぞれの国や地方によって
組み合わせや色が違い、
独自の雰囲気を持っている。
竹矢来という、竹を縦・横に
粗く組んでつくった囲いの感じから
着想を得て、少し変わった格子模様を
つくってみた。

ねじ梅　2011

昔、梅は桜以上に
人気がある花だったようだ。
家紋には梅を題材にしたものも多く
「ねじ梅」も紋のひとつだ。
平面的で単純な形なのだけれど、
梅の愛らしさがよく表現されている。
日本人の感性の素晴らしさを感じる。

"七五三" 2011
E
A
C
D
B
F

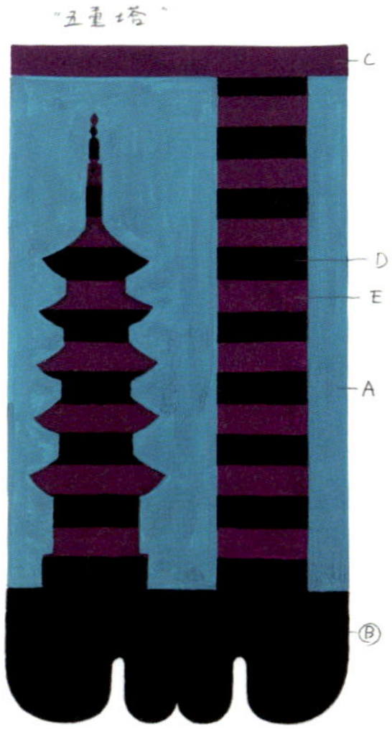

原画

SOU･SOUの人気商品、足袋下のデザイン原画。独特な形に合わせて毎回柄を配置してゆく。

Words of Wakisaka

デザインの話「テキスタイルデザイン」

テキスタイルデザインは、自分自身だと思う。
住んでいる土地、吸った空気、見たもの、食べたもの、感じたもの。そのときどきの自分のすべてが、如実にテキスタイルに表れる。
マリメッコ時代は、たとえ評判のよいテキスタイルであっても、自分のデザインしたものを見るのがなんだか気恥ずかしかった。きっと、自分自身とまっすぐに向き合うには、若すぎたのだろう。今は、良いところも悪いところもすべて自分だと受け入れられる。だから、自分のデザインしたものを見ても、わりと平気である。
テキスタイルデザインは、決して一人ではできない。
マリメッコ時代にはアルミ・ラティアが、ラーセン時代はラーセンが、僕の大いなる監督であった。そして今はSOU·SOUのプロデューサーである若林君が私の側にいてくれる。すばらしい人々との出会いが、いつも私の内面に柔軟な変化をもたらし、新しい一面を引き出してくれた。自分の人生において、人との出会いにだけは多分に恵まれてきた。いまもそのことに、深く感謝している。
いまの僕は、SOU·SOUの若林君とのやりとりがおもしろくて仕方がない。彼の言い出すことは、毎回まったく予想がつかないからだ。リクエストに応えて、使ったことのない筋肉を使うのはたいへんだが、今ではまるで一年生のように、毎日わくわくと胸を高鳴らせている。テキスタイルデザイナーを48年間やってきたはずだが、自分はまだまだこれからなのだなぁと、心の底からそう思っている。

テキスタイルデザインの醍醐味は、「レピート」にある。
レピートというのは同じ模様が何度も繰り返されてゆくことで、デザインをする上の大きな制約でもあると同時に、最大の魅力でもあると思う。柄をどのように配置して、間をどのように使い、いかに一枚の布の中に心地の良いリズムをつくり出してゆくか。それはそのまま、生命のリズムにも通じる。起きて、食べて、歩いて、寝て、また起きて、食べて、歩いて、寝て。何ていうことのない日々の繰り返しのリズムが、人生に安らぎや幸福感を与えてくれるのではないだろうか。テキスタイルに良いレピートが成立していれば、布のどこを切っても、生き生きとしている。それはまるで、人の営みそのものだと思う。
テキスタイルデザインは、決して芸術作品ではない。
わかる人にだけわかればいいやと格好つけていても駄目で、多くの人々に愛され、実際に使われて、初めて意味を持つ。だから僕は、さりげない存在感を何よりも大切にしている。たとえ色づかいが派手でも、それが度を越えて主張するものであってはいけない。僕のテキスタイルが、生活に心地よく溶け込んでいる状態が理想である。
いまはSOU・SOUで、人々に本当に必要とされる、新しいテキスタイルをつくりたい。僕の手から生まれたデザインが、この国に暮らす人々の生活にやさしく寄り添い、日々のささやかな安らぎや喜びに少しでも貢献しているのであれば、テキスタイルデザイナーとして、そのことがいま、何よりも幸せである。

SOU・SOU Shop Information

SOU・SOU 足袋（地下足袋）
〒604-8042　京都市中京区新京極通四条上ル
二筋目東入ル二軒目 P-91ビル1F
TEL：075-212-8005

SOU・SOU 伊勢木綿（てぬぐい）
〒604-8042　京都市中京区新京極四条上ル
中之町 579-8
TEL：075-212-9324

SOU・SOU le coq sportif
（タウンサイクリング＆デイリーウェア）
〒604-8042　京都市中京区新京極通四条上ル
二筋目東入ル二軒目 P-91ビル 2F
TEL：075-221-0877

SOU・SOU 着衣（婦人和装）
〒604-8042　京都市中京区新京極通四条上ル
中之町 583-6
TEL：075-221-0020

SOU・SOU しつらい
（茶席、オリジナルテキスタイル）
〒604-8042　京都市中京区新京極通四条上ル
中之町 583-6 2F
TEL：075-212-0604

SOU・SOU 傾衣（紳士和装）
〒604-8042　京都市中京区新京極通四条上ル
中之町 569-8
TEL：075-213-2526

SOU・SOU わらべぎ（こども和服）
〒604-8042　京都市中京区新京極通四条上ル
中之町 565-16
TEL：075-212-8056

SOU・SOU 布袋（風呂敷、袋物）
〒604-8042　京都市中京区新京極通四条上ル
二筋目東入ル二軒目 P-91ビル B1
TEL：075-212-9595

SOU・SOU 選 青山（SOU・SOUの選りすぐり）
〒107-0062　東京都港区南青山5丁目
3-10FROM-1stビル2F
TEL：03-3407-7877

SOU・SOU東京店（SOU・SOUのアイテム全般）
〒135-0064　東京都江東区青海1丁目3-15
パレットタウンヴィーナスフォート2F
TEL：03-3570-6569

SOU・SOU San Francisco Store
1746 Post St, San Francisco, CA United States
(415)525-8654

SOU・SOU netshop
http://sousounetshop.jp/

脇阪克二

1944年京都市生まれ。京都市立日吉ヶ丘高校美術工芸課程図案科卒業。伊藤忠商事（株）繊維意匠課にアシスタント・デザイナーとして勤務。その後鮫島テキスタイル・デザイン・スタジオへ入塾、1968年フィンランドへ渡る。MARIMEKKO社、ニューヨークのJACK LENOR LARSEN社、ワコール インテリア ファブリックを経て1996年以降は陶器、絵、布、絵本など幅広い表現の中で作品を生み出す。2002年より再びデザインに重点を移し、現在に至るまで、京都にてSOU･SOUのテキスタイルデザイナーとして精力的に活動をしている。著書に絵本『ぶーぶーぶー』『ロボット ボット』『どのはな いちばん すきな はな？』
（すべて共著。イラスト担当／福音館書店）。

Katsuji Wakisaka

Born 1944 in Kyoto; graduated in design from the arts and crafts program at Kyoto City Hiyoshigaoka High School. Katsuji Wakisaka worked as an assistant designer in the textile design department at Itochu Corporation, after which he entered the Samejima Textile Design Studio, and then moved to Finland in 1968. As a textile designer Wakisaka worked with Marimekko, Jack Lenor Larsen in New York, and Wacoal Interior Fabrics. In 1996 he expanded his creative output to media including ceramics, painting, cloth, and picture books. Wakisaka has been a textile designer for SOU･SOU since 2002. He is coauthor (illustrator) of the picture books Boo Boo Boo, Robot Bot, and Which flower do you like best? (Fukuinkan Shoten).

脇阪克二のデザイン

マリメッコ、SOU・SOU、妻へ宛てた一万枚のアイデア

2012年8月5日　初版第1刷発行
2018年7月2日　　　第5刷発行

著者	脇阪克二
装丁	大黒大悟（日本デザインセンター）
本文デザイン	大黒大悟＋桐山 聡（日本デザインセンター）
写真	石川奈都子
	藤牧徹也（テキスタイル、てぬぐい）
文章	小宮山さくら
翻訳	パメラ三木
編集	中川ちひろ

協力	女子美術大学
	knot（www.knot-fp.co.jp）
	SOU・SOU（www.sousou.co.jp）

発行人	三芳寛要
発行元	株式会社パイ インターナショナル
	〒170-0005　東京都豊島区南大塚2-32-4
	TEL: 03-3944-3981　FAX: 03-5395-4830
	sales@pie.co.jp

印刷・製本	株式会社サンニチ印刷

ISBN978-4-7562-4268-6　C3070
Printed in Japan

0 8 3
4 1 6
5 7 0
5 3 2
8 1 5
0 9 4
2 6 7
3 7 0
2 0 8